LOOM MAGIQUE

Figurines

LOOM MAGIQUE

Figurines

25 animaux et créatures mythiques à créer

Becky Thomas et Monica Sweeney

une division de
www.groupemodus.com

Publié par Presses Aventure, une division de
Les Publications Modus Vivendi inc.
55, rue Jean-Talon Ouest, 2ᵉ étage,
Montréal, Québec H2R 2W8
CANADA
www.groupemodus.com

**Publié pour la première fois en version française en 2014 par Carrousel éditions©,
une marque de MLP, sous le titre** *Loom Magic – 25 Modèles et Créations*.
118, avenue Achille-Peretti CS-70024
92521 Neuilly-sur-Seine Cedex

**Publié pour la première fois en version originale anglaise par Sky Pony Press®,
une marque déposée et enregistrée de Skyhorse Publishing, Inc.®, New York,
sous le titre** *Loom Magic – Creatures*.
307 West 36th Street, 11th Floor, New York, NY
10018, U.S.A.

Éditeur de la version canadienne : Marc Alain
Auteures : Becky Thomas et Monica Sweeney
Traduction : Isabelle Meschi et Magali Laroudie (Carrousel/MLP)
Réalisation : Philippe Brunet
Adaptation canadienne : Mireille Lévesque

ISBN : 978-2-89751-070-1

Dépôt légal : Bibliothèque et Archives nationales du Québec, 2014
Dépôt légal : Bibliothèque et Archives Canada, 2014

Nous reconnaissons l'aide financière du gouvernement du Canada par l'entremise du Fonds du livre du Canada pour nos activités d'édition.

Gouvernement du Québec – Programme de crédit d'impôt pour l'édition de livres – Gestion SODEC.

Imprimé au Canada.

TABLE DES MATIÈRES

REMERCIEMENTS

Nous souhaitons remercier notre formidable éditrice, Kelsie Besaw, pour son soutien indéfectible, son sens de l'organisation et son enthousiasme. Merci à Sara Kitchen pour avoir travaillé sans relâche sur la conception et la mise en page jusqu'à ce qu'elles soient parfaites. Merci à Bill Wolfsthal, Tony Lyons et Linda Biagi d'avoir rendu ce projet possible et de l'avoir couronné de succès. Merci à tout le personnel de la maison d'édition Skyhorse qui continue à faire du très bon travail sur cette série. Un merci spécial à Allan Penn pour être resté à nos côtés, en ajoutant sa touche personnelle, et pour ses magnifiques photos. Merci à Holly Schmidt de nous avoir guidées.

Nos remerciements les plus chaleureux à tous nos collaborateurs, qui nous ont fourni des projets vraiment remarquables, amusants et créatifs pour ce livre : merci à Alexandria Seda, Amber Wylie d'Hobo Cat Creations, Kate Schultz d'Izzalicious Designs (www.izzalicious. com), DIY Mommy sur Youtube et www.elegantfashion360.com.

Enfin, ce livre ne serait pas le même sans les sourires d'Alden Glovsky, de Caleb et Owen Schmidt et de Lily et Fletcher Waterman. Merci !

Collaborateurs des projets :
Alexandria Seda : Méduse, Triton, Papillon, Extraterrestre, Manchot, Crabe, Bébé souris
Amber Wylie d'Hobo Cat Creations : Chat, Coccinelle
Kate Schultz d'Izzalicious Designs : Étoile de mer, Dragon, Père Noël, Superhéros, Poisson tenace, Princesse, Robot, Nain de jardin
DIY Mommy on Youtube : Pégase, Perroquet
www.elegantfashion360.com: Canard, Chien, Araignée, Cochon, Petit lapin, Bonhomme en pain d'épices

Lexique

Voici une liste de certains des termes que nous utilisons dans les explications de chaque projet. Les connaître t'aidera à faire ces superbes modèles plus rapidement et à savoir quel matériel te procurer pour ce faire !

Crochet : Le crochet est l'ustensile blanc cassé et en forme de crochet livré dans l'emballage de la plupart des métiers disponibles en magasin. Il sert à déplacer les élastiques de leurs picots au lieu d'utiliser tes doigts.

Clip-C : Comme son nom l'indique, c'est un petit clip transparent en forme de C qui est utilisé pour maintenir les élastiques ensemble. C'est souvent la dernière étape d'un projet. Il est parfois remplacé par des clips-S qui s'utilisent de la même façon.

Enfilage : Pour glisser des perles, enroule un fil fin, comme un lien torsadé dénudé, autour d'un élastique simple. Passe les perles à partir de l'autre bout du fil et glisse-les sur l'élastique.

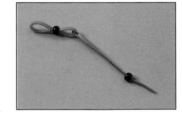

Aligne bien ton métier : Quand toutes les colonnes sont uniformément placées, aucun picot n'est décalé en avant ou en arrière.

Décalage : Quand les colonnes ne sont pas alignées. Par exemple, lorsque les colonnes extérieures sont uniformément placées mais que la colonne centrale est décalée d'un picot vers toi.

Faire une chaîne ou «tricoter» : Pour faire une chaîne pour les bras ou les pieds, enroule un élastique trois ou quatre fois autour du crochet pour faire un nœud. Attache un double élastique au bout du crochet et glisse le nœud dessus. Ramène le tout sur la tige du crochet. Continue à ajouter des doubles élastiques à la chaîne jusqu'à ce que tu obtiennes la longueur désirée.

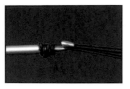   

Comment «rabattre» ton projet : Quand tu as fini de poser tous tes élastiques sur le métier, il reste une dernière étape avant de pouvoir retirer ton projet du métier. Cette étape relie tes élastiques entre eux au lieu de les relier uniquement au métier.

Pour rabattre ton projet :

1. Pars du picot indiqué dans les instructions. En général, c'est le dernier ou avant-dernier picot de ton projet, ou le picot où tu as mis un capuchon.

2. Glisse ton crochet en plastique dans le creux au milieu du picot pour saisir l'élastique non rabattu du dessus sur le picot.

3. Puis, remonte l'élastique et décroche-le du picot, en le faisant passer par-dessus les capuchons ou élastiques rabattus superposés au-dessus.

4. Attache l'élastique sur ton crochet au picot où l'autre bout du même élastique est attaché. S'il y a plus d'un élastique, rabats tous les élastiques sur un picot avant de passer au picot suivant.

5. Les picots sont généralement rabattus dans l'ordre inverse
   de la façon dont ils ont été posés, mais fais attention
   aux instructions particulières de chaque projet.

6. Après avoir fini de rabattre ton projet, il devrait rester quelques
   boucles non tissées sur le dernier picot du métier : tu devras
   les maintenir en nouant un élastique autour d'elles
   ou en utilisant un clip-C, sinon ton projet se défera !

PERROQUET

Cet ami à plumes est mignon et coloré. Il n'est pas trop difficile à réaliser, mais fais attention aux changements de couleurs !

Niveau de difficulté : **Moyen**

Tu auras besoin de :

1 métier • 1 crochet • élastiques **rouges**, bleus, jaunes, noirs et blancs

Pour faire les pattes :

1. Dessine les pattes avec des élastiques simples repliés une fois sur eux-mêmes pour être serrés. Tu peux le faire en enroulant un élastique deux fois autour du crochet et en l'étirant sur les picots. Pour les pieds,

    enroule un élastique jaune simple quatre fois autour du crochet et glisse-le sur un élastique jaune simple replié comme pour les pattes. Recommence trois fois pour chaque pied.

2. Retourne ton métier et rabats les pattes. Maintiens les bouts avec un élastique rouge et mets de côté.

Pour faire la queue :

1. Pose des doubles élastiques rouges sur le 1ᵉʳ picot central et relie-les à droite. Recommence et relie-les à gauche. Recommence et relie-les au centre. Pose une ligne de doubles élastiques sur chaque colonne, en passant au bleu comme indiqué. Tu auras deux doubles élastiques rouges

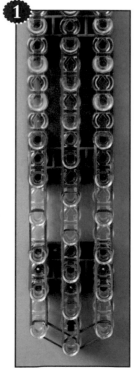

et trois doubles élastiques bleus sur l'extérieur, et
quatre doubles élastiques rouges et bleus au centre.
Enroule un capuchon bleu deux fois autour
de chacun des derniers picots.

2. Enroule un élastique rouge deux fois autour
    du crochet et pose-le sur la 1re rangée en triangle.
    Recommence quatre fois.

3. Retourne ton métier et rabats tes élastiques
    sur eux-mêmes. Maintiens les dernières boucles
    avec des doubles élastiques rouges.

Pour faire les ailes :

1. Relie le 1er picot central à droite avec un élastique
    rouge simple. Pose une ligne d'élastiques simples
    sur la colonne centrale et droite, en changeant
    de couleur, comme indiqué. Enroule
    un élastique rouge de maintien trois
    fois sur le 4e picot central.

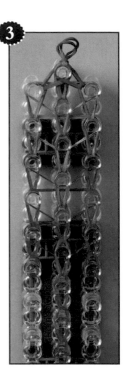

2. Enroule un élastique
    jaune deux fois
    autour du crochet
    et pose-le du 2e picot
    droit au 2e picot
    central. Recommence
    sur les 2 rangées
    suivantes avec du bleu.
    Enroule un capuchon
    bleu trois fois autour
    des derniers picots.

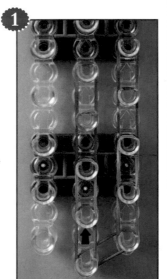

3. Retourne ton métier et rabats l'aile. Maintiens les boucles non tissées et mets de côté. Recommence pour la 2ᵉ aile.

Pour faire le corps tout entier :

1. Dessine un hexagone avec des doubles élastiques rouges. Dessine le côté gauche, puis le droit. Pose une ligne de doubles élastiques rouges au centre de l'hexagone.

2. Dessine un plus grand hexagone sous le 1ᵉʳ avec des doubles élastiques rouges. Pour les élastiques diagonaux au bout, prends les pieds mis de côté et défais les doubles élastiques rouges. Place-les en bas de l'hexagone. Pose une ligne de doubles élastiques rouges au centre de la forme.

3. Pose des doubles élastiques rouges sur les 2ᵉ et 3ᵉ rangées du grand hexagone en triangle. Attache les boucles non tissées des ailes aux 1ᵉʳˢ picots extérieurs du grand hexagone, puis pose l'élastique de maintien rouge sur le picot juste au-dessus des pieds.

4. Pour les yeux, enroule un élastique blanc deux fois autour du crochet, puis un élastique noir trois fois autour du crochet. Enroule le 1ᵉʳ élastique deux

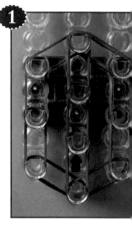

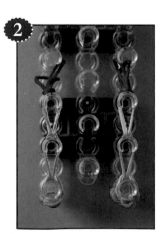

fois de plus. Recommence pour le 2ᵉ œil. Glisse les élastiques sur un élastique rouge simple.

5. Pose les yeux sur la 2ᵉ rangée. Enroule un élastique jaune quatre fois autour du crochet, puis glisse-le sur deux élastiques jaunes pliés en deux (comme pour les pieds). Pose les deux bouts des élastiques jaunes pliés en deux sur le crochet et glisse-les sur un élastique rouge simple. Place le bec sur la 3ᵉ rangée. Pose un élastique rouge simple sur les 2ᵉ et 3ᵉ rangées en forme de triangle.

6. Pose la queue sur le dernier picot.

7. Retourne ton métier et rabats. Maintiens les dernières boucles non tissées avec des doubles élastiques rouges en nœud coulant.

8. Retire ton perroquet.

BéBé SOURiS

Dis *cheese*! Cette petite souris fera un parfait animal de compagnie, car elle ne mord pas et ne grignote rien. Mais ne laisse pas ton chat l'attraper!

Niveau de difficulté : **Facile**

Tu auras besoin de :

1 métier • 1 crochet • élastiques blancs, roses et noirs

Décale ton métier d'un picot central vers toi, flèche orientée vers le haut.

1. Pose une ligne d'élastiques roses sur le métier. Enroule les élastiques deux fois autour des picots pour les serrer. Enroule un capuchon rose quatre fois sur le dernier picot pour la queue.

2. Retourne le métier et rabats tes élastiques sur eux-mêmes.

3. Retire la queue du métier et mets-la de côté.

4. Pose des doubles élastiques blancs sur le 1er picot central et relie-les au picot central suivant. Pose des doubles élastiques blancs sur le 2e picot central et relie-les à droite. Recommence et relie-les à gauche. Pose une ligne de doubles élastiques du 2e au 4e picot central.

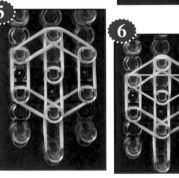

5. Pose des doubles élastiques blancs pour finir ton hexagone. Dessine le côté gauche, puis le droit.

6. Enroule un élastique blanc deux fois sur le crochet et pose-le sur la 3e rangée en triangle.

7. Retourne ton métier et rabats l'oreille. Retire-la du métier et recommence pour faire la 2e.

8. Pose un double élastique blanc sur le 1er picot central et relie-le au picot central suivant. Dessine

un long hexagone : commence par le côté gauche, puis le droit. Avec le crochet, glisse des doubles élastiques blancs sur les boucles non tissées des oreilles et pose les élastiques des 3ᵉ aux 4ᵉ picots extérieurs.

9. Finis ton long hexagone avec des doubles élastiques blancs. Pose une ligne de doubles élastiques blancs au centre de ta forme.

10. Pose la queue sur le dernier picot central.

11. Enroule un élastique blanc deux fois autour du crochet et pose-le sur la 3ᵉ rangée en triangle. Enroule deux élastiques noirs simples trois fois autour du crochet et glisse-les sur le triangle que tu viens de poser.

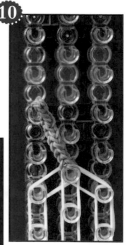

12. Enroule un élastique blanc deux fois autour du crochet et pose-le sur la 4ᵉ rangée en triangle. Recommence pour les rangées 5 à 7.

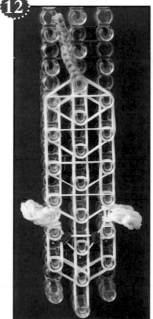

13. Retourne le métier et rabats tes élastiques sur eux-mêmes. En arrivant aux élastiques des oreilles, fais passer les oreilles dans les boucles avant de les rabattre sur le picot pour qu'elles restent debout.

14. Retire la souris et glisse un double élastique rose dans les dernières boucles blanches du nez. Casse un élastique blanc et utilise-le pour faire un nœud autour des élastiques roses entre le nez et le crochet. Coupe le bout des élastiques roses et les élastiques blancs du nœud, puis retourne les élastiques roses pour cacher le nœud dans le museau.

DRAGON

Ce gentil dragon n'est peut-être pas un cracheur de feu,
mais il fait sans aucun doute des étincelles. Bien que ce projet
ait plusieurs étapes, il vaut la peine d'être réalisé. Si tu as du temps
et deux métiers, tu ne trouveras pas de meilleur copain
que ce joli petit monstre.

Niveau de difficulté : **Moyen**

Tu auras besoin de :

2 métiers • 1 crochet • 2 perles noires •
élastiques vert foncé, vert citron et dorés

Place deux métiers côte à côte et décale les colonnes centrales de chacun d'entre eux d'un picot vers toi.

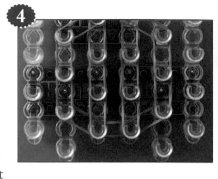

1. Relie les deux 1ers picots centraux avec des doubles élastiques verts. Attache deux élastiques verts à chacun des picots centraux et relie-les au picot supérieur suivant vers l'extérieur.

2. Attache deux autres élastiques verts à chaque picot central et relie-les au picot du dessus.

3. Pose des doubles élastiques verts sur les deux colonnes centrales, jusqu'au 4e picot.

4. Dessine un cercle pour faire la tête avec des doubles élastiques verts.

5. Dessine le corps, comme indiqué, avec des doubles élastiques verts.

6. Pose des doubles élastiques sur les deux colonnes centrales (vert citron pour son ventre).

7. Pose plus de doubles élastiques sur les quatre colonnes centrales pour remplir le ventre.

8. Pose des élastiques vert citron sur les deux colonnes centrales, du 10e picot à l'avant-dernier picot.

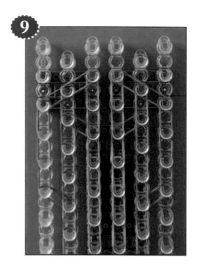

9. Pose des doubles élastiques diagonaux vert foncé, de l'extérieur où tu as fini le vert foncé du corps à l'avant-dernier picot central. Fais pareil des deux côtés.

Pour faire les pieds :

1. Enroule trois élastiques verts trois fois autour du crochet. Avec le crochet, «tricote» une chaîne de deux boucles de long avec les trois élastiques enroulés au bout (reporte-toi au lexique).

2. Place les quatre boucles non tissées qui sont sur ton crochet sur l'avant-dernier picot central. Recommence pour faire l'autre pied.

Pour faire les oreilles :

1. Enroule deux élastiques trois fois autour du crochet. Avec le crochet, « tricote » une chaîne d'une boucle de long avec les deux élastiques enroulés au bout.

2. Place les boucles non tissées sur le 2e picot de l'avant-dernière colonne extérieure. Fais pareil de l'autre côté pour la 2e oreille.

Pour faire les bras :

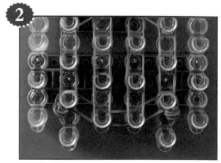

1. Enroule deux élastiques vert foncé trois fois autour du crochet. Avec le crochet, «tricote» une chaîne de quatre boucles de long avec les deux élastiques enroulés au bout.

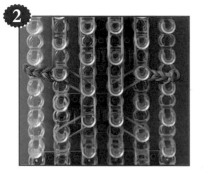

2. Glisse les boucles non tissées sur le 6e picot de l'avant-dernière colonne extérieure. Fais le 2e bras et pose-le de l'autre côté.

Pour faire la queue :

1. Enroule un élastique vert foncé trois fois autour du crochet. Tricote une chaîne de huit boucles de long avec l'élastique enroulé au bout.

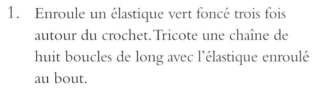

2. Sur ta dernière maille, laisse l'autre bout hors du crochet. Étire un élastique simple entre ton crochet et ton doigt.

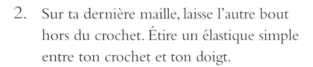

3. Glisse les deux élastiques du crochet sur l'élastique simple, puis glisse les deux bouts de ce dernier sur le crochet. Glisse les deux boucles restantes de la queue sur un élastique simple de la même façon.

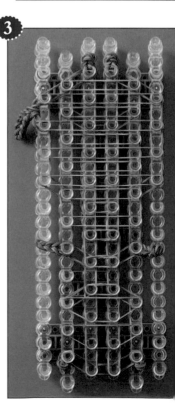

4. Pose la queue sur le métier.

Pour rabattre ton dragon :

1. Enroule un capuchon deux fois autour des deux picots centraux sur les 4e, 5e, 6e et 7e rangées.

2. Pose un élastique simple en trapèze, comme indiqué, à partir des deux picots centraux de la 2e rangée et recommence à la 3e rangée.

3. Pose des élastiques verticaux sur tout le corps.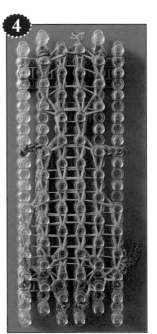

4. En partant des pieds, commence à rabattre tes élastiques sur eux-mêmes.

5. Maintiens les dernières boucles non tissées. Retire le dragon.

Pour faire le museau et les yeux :

1. Enroule trois élastiques vert foncé trois fois autour du crochet. Tricote une chaîne de deux boucles de long avec les trois élastiques au bout.

2. Retire les boucles du crochet. Passe un bout des boucles dans l'autre et serre-les bien.

3. Avec le crochet, passe la boucle simple du museau dans le dos du dragon, puis dans une autre boucle pour la refaire passer devant. Passe le museau dans la boucle pour l'attacher. Fais pareil pour l'autre côté.

4. Glisse une perle noire dans un élastique vert simple. Avec le crochet, passe les boucles de l'élastique au dos de la tête et maintiens-les avec un clip-C.

Pour faire les ailes :

1. Décale un métier d'un picot central vers toi.

2. Pose deux élastiques dorés sur le 1er picot central et relie-les au 1er picot de droite. Recommence et relie-les au 1er picot de gauche. Recommence et relie-les au picot central du dessus.

3. Pose une ligne de doubles élastiques dorés sur toutes les colonnes, jusqu'au 5e picot à gauche et au centre, et jusqu'au 4e picot à droite.

4. Enroule un élastique doré simple deux fois autour des picots de la 2e rangée pour faire un triangle. Continue à poser des triangles sur l'aile, comme indiqué.

5. Enroule un capuchon simple deux fois sur le dernier picot de chaque colonne.

6. Retourne le métier. Rabats tous les élastiques jusqu'au 1er picot central. Glisse deux élastiques verts dans les boucles du dernier picot et serre-les bien.

7. Retire l'aile du métier.

8. Enfonce le crochet sur l'avant du dragon et glisse les deux élastiques verts de l'aile à l'intérieur.

9. Enfonce le crochet dans le dos du dragon et ramène les élastiques en arrière à travers une autre boucle. Glisse l'aile dans les élastiques pour la fixer.

10. Recommence pour faire et attacher l'autre aile.

PÈRE NOËL

Le père Noël arrive sur ton métier! Cette forme joviale est parfaite pour Noël ou toute autre période de l'année. Prépare-toi à montrer tes compétences de tisseur, car ce projet demande beaucoup de temps et de concentration! Tu devras attacher deux métiers verticalement. Tu auras aussi besoin de deux colonnes en plus de chaque côté du haut du métier pour son gros ventre. C'est beaucoup demander, alors si tu n'as qu'un métier, travaille sur ce projet avec des amis. Joyeux tissage!

Niveau de difficulté : **Difficile**

Tu auras besoin de :

2 métiers + 2 colonnes • 1 crochet normal • 1 crochet fin •
1 clip-C • élastiques rouges, blancs, roses et noirs •
1 élastique doré

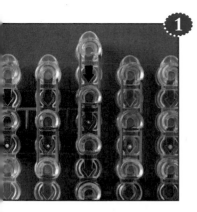

Décale ton métier d'un picot central vers le haut. Tous les élastiques (sauf le cou) seront doubles.

1. Pour chacune des trois colonnes centrales, pose deux rangées de doubles élastiques rouges pour le chapeau, comme indiqué.

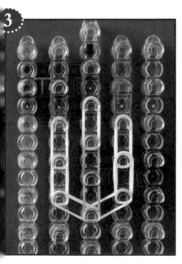

2. Pour la tête, pose des doubles élastiques blancs pour ses cheveux, comme indiqué.

3. Ajoute deux groupes de doubles élastiques dans son visage. Nous avons choisi du rose, mais tu peux changer de couleur.

4. Pose un triple élastique blanc pour le cou et juste en dessous, des doubles élastiques rouges pour les épaules et le ventre.

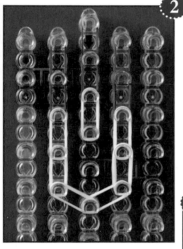

5. Pour les jambes, ajoute trois groupes de doubles élastiques rouges

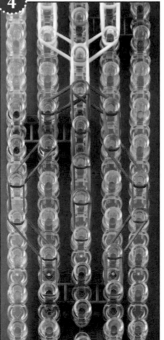

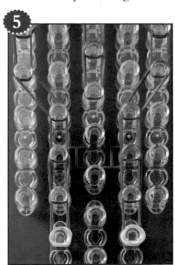

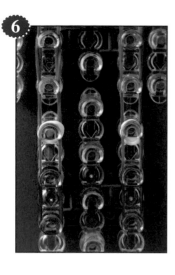

sur les 2ᵉ et 3ᵉ colonnes. Pour le poignet blanc pelucheux, plie deux élastiques blancs simples en trois et pose-les sur les picots des 2ᵉ et 3ᵉ colonnes.

6. Pose des doubles élastiques rouges sur les 2ᵉ et 3ᵉ colonnes, puis un groupe de triples élastiques noirs pour chaque botte.

7. Pour la semelle, enroule un triple élastique noir trois fois autour du crochet à la façon d'un nœud. Puis, prends deux élastiques et attache un bout au crochet.

8. Glisse le nœud du crochet vers les élastiques.

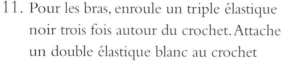

9. Plie les élastiques et pose-les sur les picots en bas de ses jambes pour les bottes.

10. Remplis son ventre avec des doubles élastiques rouges, comme indiqué.

11. Pour les bras, enroule un triple élastique noir trois fois autour du crochet. Attache un double élastique blanc au crochet et glisse le nœud dessus. Remonte le tout sur le crochet et attache un élastique rouge au crochet.

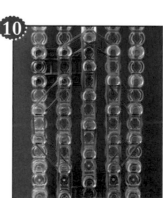

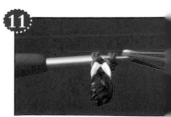

12. Glisse le nœud blanc et noir sur les doubles élastiques rouges. Recommence deux fois pour créer le bras.

13. Pose ses bras à l'endroit des épaules. Pour maintenir la forme, pose une série de triangles croisés, comme indiqué (sept triangles en tout).

14. Glisse deux perles noires sur un élastique blanc et pose les yeux sur le visage.

Pour rabattre :

1. Pars des bottes. Ne rabats pas le blanc à ses pieds : tiens les élastiques blancs en rabattant les rouges. Rabats tout le ventre, sauf la colonne centrale, en partant des colonnes extérieures.

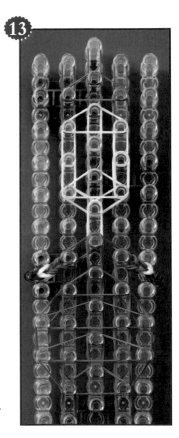

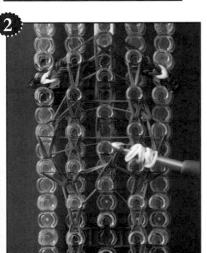

2. En rabattant la colonne centrale du ventre, ajoute le blanc du manteau. Enroule un double élastique blanc sur le crochet. Fais-le une fois de plus. Avec ces élastiques blancs sur le crochet, commence à saisir l'élastique rouge

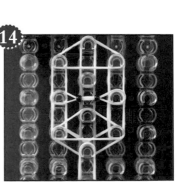

suivant de la colonne centrale. Avant de le rabattre sur lui-même, glisse les élastiques blancs dessus et pose-le sur le picot. Continue jusqu'en haut du manteau ou trois fois de plus.

3. Rabats le reste jusqu'en haut. Amène les deux élastiques rouges extérieurs vers le picot central du haut pour le haut du chapeau. Avec le crochet, noue un double élastique blanc sur le tout dernier picot.

4. Retire le projet en faisant très attention.

Pour faire la ceinture et la barbe :

1. Enroule deux élastiques noirs sur le ventre. Glisse un élastique doré simple dans sa ceinture.

2. Glisse l'élastique doré dans le dos et fixe-le avec un clip-C. Répète l'opération pour les boutons, avec des élastiques noirs simples sur le blanc du manteau.

3. Glisse un élastique blanc simple du dos de la tête au visage pour faire une demi-moustache.

4. En le laissant sur le crochet, glisse-le dans l'un des

élastiques blancs sur le côté de la tête.
Attache un autre élastique blanc simple
au bout du crochet.

5. Passe cet élastique dans les élastiques
du visage.

6. Noue l'élastique sur lui-même.
Allonge-le en glissant un autre élastique
dedans et en le nouant de la même
façon.

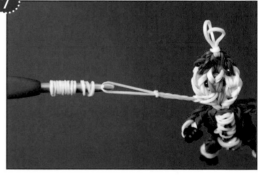

7. Enroule complètement un autre
élastique simple sur le crochet
et attache-le à l'élastique
du visage.

8. Glisse les boucles du crochet
sur l'élastique pour faire
la barbe. Comme avant, glisse
un autre élastique blanc
dans le visage, noue-le
et glisse-le dans un élastique
blanc sur le côté du visage.
Attache la barbe, en ajoutant
des élastiques d'extension
si nécessaire.

9. En utilisant les extensions,
répète l'opération de la barbe
pour créer la mousse du
chapeau. Pour la fixer, glisse
le bout de la mousse dans le
côté de la tête. Maintiens cet élastique au clip-C au dos du corps,

en le glissant dans d'autres élastiques
si nécessaire pour ne pas que le corps
soit courbé.

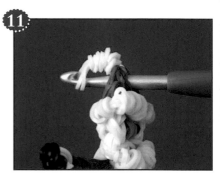

10. Pour le pompon du chapeau,
    enroule un élastique trois fois autour
    du crochet : refais-le deux fois.
    Saisis la boucle blanche en haut
    du chapeau avec le crochet.

11. Glisse les élastiques sur la boucle.
    Passe le crochet dans la base du
    chapeau et saisis le haut de la boucle
    blanche.

12. Fais passer la boucle dans la base
    du chapeau.

13. Puis, enroule la boucle au-dessus du pompon pour la fixer.

SUPERHÉROS

Qu'est-ce qui vole dans le ciel ? Ton superhéros, qui est là
pour illuminer ta journée ! Change les couleurs pour le faire
à ton image. Tu peux même créer une équipe tout entière
pour l'aider à lutter contre la criminalité. Tu peux faire ce projet
même avec un seul métier : fais d'abord les bras, rabats-les
et retire-les du métier. Avant de rabattre ton superhéros,
pose les bras sur les épaules. Ses épaules ne seront pas aussi
larges et musclées si tu ne les poses pas de cette façon.

Niveau de difficulté : **Moyen**

Tu auras besoin de :

1 métier • 1 crochet • 1 clip-C • élastiques noirs, bleus, rouges,
pêche et blancs • 1 élastique transparent

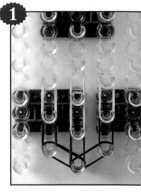

Place ton métier avec cinq colonnes et décale les colonnes extérieures et centrales d'un picot vers toi.

Pour faire ton héros :

1. Pose des doubles élastiques noirs sur le 1er picot central et relie-les à gauche. Recommence et relie-les à droite. Recommence et relie-les au picot central du dessus. Pose des doubles élastiques sur les trois colonnes centrales, comme indiqué, en partant avec du noir, puis en posant différentes couleurs pour le visage (ici, du pêche).

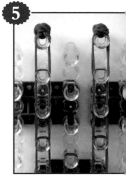

2. Pose des doubles élastiques noirs diagonaux des 1ers picots extérieurs au 2e picot central pour finir les cheveux. Pose des doubles élastiques pêche en diagonale des 3es picots extérieurs au 4e picot central. Pose trois élastiques jusqu'au 4e picot central et relie-les au picot central suivant.

3. Pose des triples élastiques bleus en diagonale du cou au 6e picot extérieur de chaque côté. Pose une ligne de doubles élastiques bleus sur la colonne centrale, jusqu'au 4e picot en partant de la fin.

4. Pose des doubles élastiques bleus sur les colonnes de chaque côté du centre. Finis par du rouge pour les deux derniers groupes.

5. Enroule trois élastiques rouges trois fois sur le crochet et glisse-les sur 3 élastiques rouges. Ramène toutes les boucles de ces derniers sur le crochet et glisse-les sur l'élastique rouge de la « botte » au bout du métier. Recommence et pose le 2e pied sur l'autre botte.

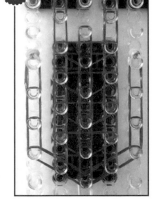

6. Pose des doubles élastiques bleus sur les colonnes extérieures pour les bras. Enroule deux élastiques pêche trois fois autour du crochet et glisse-le sur deux élastiques pêche. Pose les mains sur les picots au bout des bras.

7. Glisse deux perles blanches sur un élastique pêche simple et pose-le sur la 2e rangée. Dessine les pupilles au marqueur. Pose un élastique pêche simple sur la 3e rangée en triangle.

8. Pose un élastique bleu simple sur la 6e rangée (juste sous les épaules) en triangle. Enroule un élastique bleu deux fois autour du crochet et pose-le sur la 7e rangée en triangle. Fais pareil sur les deux rangées suivantes.

9. Retourne le métier et rabats tes élastiques sur eux-mêmes. Veille à rabattre les trois élastiques que tu avais superposés. Attache les

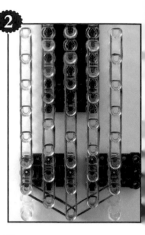

dernières boucles non tissées avec un élastique transparent en forme de nœud coulant.

10. Retire ton superhéros du métier et mets-le de côté.

Pour faire la cape :

1. Pose une ligne diagonale de doubles élastiques rouges du 1er picot central au 2e picot extérieur, en commençant par le côté gauche, puis le droit.

2. Pose une ligne de doubles élastiques rouges sur chaque colonne, en allant jusqu'au 7e picot pour les trois colonnes centrales et jusqu'au 8e picot pour celles extérieures.

3. Pose un élastique rouge simple sur chaque rangée.

4. Tire les élastiques horizontaux du bas vers le haut et derrière le dernier picot central.

5. Retourne le métier et rabats tes élastiques sur eux-mêmes. Attache les dernières boucles non tissées avec un double élastique rouge et retire la cape.

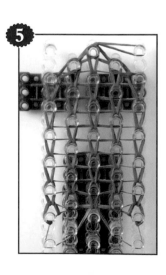

6. Fais glisser des élastiques simples avec le crochet pour faire la bouche et l'emblème. Fixe les élastiques à un clip–C dans le dos.

7. Glisse les boucles de la cape autour du cou pour terminer ton superhéros !

POiSSON TeNACe

Que tu aimes les poissons rouges, les combattants ou les navigateurs tropicaux fascinants, ce poisson accompagnera n'importe quel banc de ta collection à tisser! Le corps est simple à faire, mais les nageoires peuvent être un peu délicates, puisque tu rabattras des élastiques comme si tu tricotais. Une fois celles-ci terminées, tu obtiendras ton ami poisson en un rien de temps!

Niveau de difficulté : **Facile**

Tu auras besoin de :

1 métier • 2 crochets • 2 perles • 1 enfile-aiguille • élastiques de différentes couleurs

Place ton métier horizontalement en décalant la colonne centrale d'un picot. Prends deux couleurs différentes pour les doubles élastiques. Tous les élastiques sont doubles, sauf indication contraire.

1. Dessine le motif indiqué avec tes doubles élastiques. L'élastique blanc est triple et servira pour les yeux.

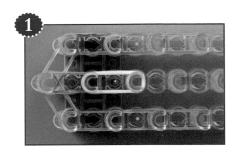

2. Glisse deux perles noires sur un élastique transparent simple pour les yeux. Décroche un côté du triple élastique blanc à l'aide du crochet et pose un côté de l'élastique transparent. Replace les élastiques blancs, place l'élastique transparent dans son centre et fixe-le au métier.

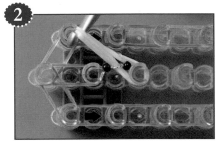

3. Dessine le reste du corps, comme indiqué.

4. Pour les nageoires, crée un tas de nœuds. Enroule un élastique simple sur le crochet et glisse-le sur un autre élastique simple.

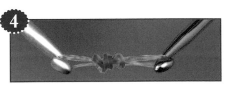

5. Enroule un autre nœud autour du crochet et glisse-le sur le tas que tu viens de créer, en rattachant le tas au crochet après.

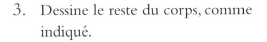

6. Enroule une fois un élastique sur lui-même. Glisse le tas dessus.

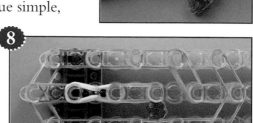

7. Glisse ce tas sur un autre élastique simple, en le nouant.

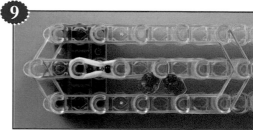

8. Recommence pour faire une 2ᵉ nageoire. Décroche un des doubles élastiques du métier et pose la 1ʳᵉ nageoire.

9. Repose le double élastique sur la 1ʳᵉ nageoire. Attache la 2ᵉ nageoire.

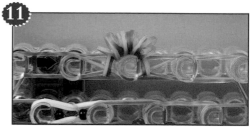

10. Enroule des élastiques simples une fois sur le crochet, en changeant les couleurs, jusqu'à ce que le crochet soit plein. Glisse-les sur un double élastique et ramène le tout sur le crochet.

11. Glisse ce tas sur un autre double élastique et étire l'élastique sur les picots au–dessus du corps.

12. Pour la grande nageoire, enroule un double élastique sur le crochet et glisse-le sur un double élastique jusqu'à obtenir deux tas. Glisse un côté de l'un de ces tas sur un double élastique, en changeant la couleur si tu veux.

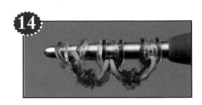

13. Ramène ce nouveau tas sur le crochet.

14. Recommence pour faire plusieurs tas, tous reliés entre eux.

15. Glisse tout le tas sur un autre double élastique, en le nouant pour obtenir une nageoire entière.

16. Pose la grande nageoire à la fin du corps sur le métier.

17. Rabats les élastiques sur eux-mêmes, en partant de la queue et en avançant vers la gauche. Noue le projet avec un élastique avant de le retirer du métier.

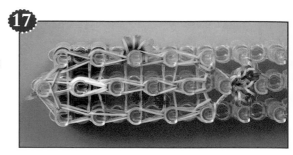

PRiNCeSSe

Fête ton métier avec ces magnifiques princesses féeriques !
Pour ce projet, tu auras besoin d'un métier et de deux
colonnes en plus pour les cheveux et la robe de la princesse.
Si tu n'as qu'un métier, tu peux faire certaines parties sans
le métier, puis les relier avant de rabattre le projet. Tu peux
aussi rassembler des métiers avec un ami et créer
des princesses assorties !

Niveau de difficulté : **Moyen**

Tu auras besoin de :

1 métier + 2 colonnes • 1 crochet • 1 clip-C • 2 perles • élastiques de
différentes couleurs pour les cheveux, le visage, la robe et le diadème

Décale ton métier d'un picot central vers le haut, flèche orientée vers toi. Attache une colonne de chaque côté du métier. Tous les élastiques sont doubles, sauf indication contraire.

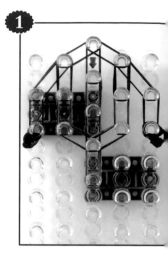

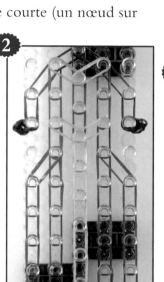

1. Pose des élastiques pour les cheveux et le visage. L'élastique du cou doit être triple. Tricote une chaîne courte (un nœud sur deux groupes de doubles élastiques) pour chaque natte et attache-les au bout des cheveux.

2. Dessine le corps comme indiqué. Tu devras changer de couleur pour la peau, la robe et les détails de la robe. Comme pour les nattes, crée des chaînes très courtes pour les mains et les pieds.

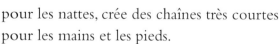

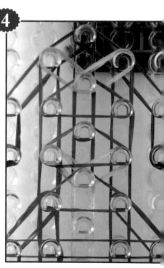

3. Pose des élastiques horizontaux simples sur la robe. Celui du bas doit passer derrière le dernier picot central.

4. Pour le buste, pose trois triangles simples qui auront été enroulés une fois sur eux-mêmes pour être tendus.

5. Glisse des perles sur un élastique pour les yeux et attache-les au visage. Pose un triangle 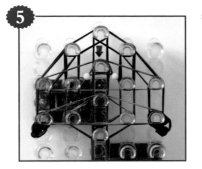 simple sur le visage. Puis, étire deux triangles sur tout le visage.

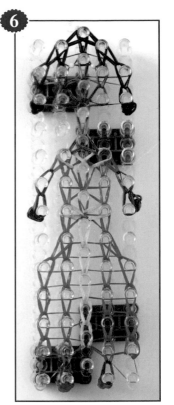

6. En partant des chaussures, rabats le projet jusqu'en haut. En rabattant la jupe et les bras, pars de l'extérieur, puis continue vers l'intérieur. Rappelle-toi de rabattre le détail au milieu de la robe et celui sur les épaules. Maintiens le projet en haut avec un élastique.

7. Retire la princesse du métier avec soin. Glisse un élastique rose dans le visage pour les lèvres et fixe-le au dos de la tête. Crée une petite chaîne dorée et glisse-la dans les cheveux pour faire un diadème, à fixer au dos de la tête. Dessine les pupilles des yeux au marqueur.

ROBOT

Cet incroyable cyclope bionique sera la créature la plus sympa de ta collection! Accroche-le à ton sac à dos, colle-le à un aimant sur ton frigo ou aligne-le avec une armée entière de robots! Notre robot est argenté, mais les photos détaillées sont montrées en vert vif pour être plus visibles. Les élastiques métallisés sont assez épais, alors fais attention de ne pas les casser pendant ton travail. Ces instructions expliquent comment faire un robot avec un métier et deux colonnes, mais tu peux aussi le faire avec un seul métier. Les colonnes en plus sont pour les bras, qui peuvent être faits séparément et ajoutés ensuite au robot. Et maintenant, cultive ton côté cyborg et attaque-toi à ce superbe projet!

Niveau de difficulté : **Moyen**

Tu auras besoin de :

1 métier **ou** 1 métier + 2 colonnes • 1 crochet normal • 1 crochet fin • 6 perles • 1 œil globuleux • 1 bouton plat • élastiques argentés et blancs

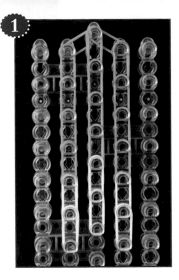

Décale ton métier d'un picot central vers le haut, flèche orientée vers toi. Tous les élastiques sont doubles.

1. Dessine la forme indiquée avec des élastiques argentés et blancs. Utilise de l'argent là où nous avons mis du vert.

2. Continue à poser ta ligne de doubles élastiques sur les colonnes à côté du centre, en repassant à l'argent pour les jambes.

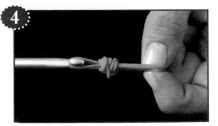

3. Pour les pieds, enroule un triple élastique deux fois autour du crochet pour obtenir un nœud. Attache un autre triple élastique au bout du crochet, comme indiqué.

4. Glisse les élastiques noués au milieu du triple élastique, comme sur la photo.

5. Enroule-le sur le picot tout en bas à gauche du métier pour faire le pied. Recommence pour le pied droit.

6. Pour renforcer le corps, crée trois triangles à partir d'élastiques argentés simples, appelés élastiques croisés. En partant du picot central tout en

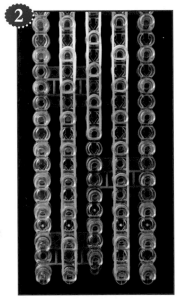

bas (où le corps finit et les jambes commencent), enroule un élastique croisé sur ce picot et relie-le aux deux picots du dessous à gauche et à droite, pour faire un triangle. En remontant, pose deux autres triangles, comme indiqué.

7. Pour l'ordinateur, glisse trois perles sur le crochet fin. Attache un élastique blanc simple au bout du crochet et glisse les perles dessus. Étire un peu l'élastique et pose-le sur les picots blancs au milieu du corps. Recommence avec deux perles pour la rangée du dessus. Si les perles ne passent pas sur le crochet, lis la section de notre lexique sur l'enfilage.

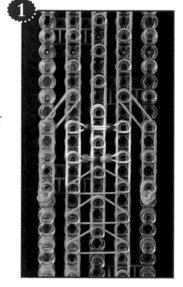

Pour faire les bras :

Si tu n'as qu'un seul métier, tu devras faire les bras séparément et les attacher aux 4es picots des colonnes de gauche et de droite. Les photos suivantes montrent la création avec des colonnes en plus.

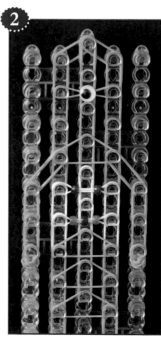

1. Pose des doubles élastiques argentés en diagonale sur les colonnes extérieures à partir des épaules (4e picot à droite et 4e à gauche) et crée les bras comme sur la photo. Pour faire les mains, répète les étapes 3 à 5 avec des doubles élastiques au lieu des triples et pose-les au bout des bras.

2. Pose un élastique croisé simple sur les épaules pour relier les bras. Pour l'œil, prends une perle en forme d'œil globuleux ou une perle plate et colle un œil globuleux

dessus. Glisse l'œil sur un élastique argenté simple et pose-le sur le visage.

Pour rabattre :

1. Pars des pieds. Maintiens les pieds en place pour qu'ils ne se détachent pas des picots et rabats les élastiques sur eux-mêmes. Commence par les jambes, puis le corps, les bras et la tête. En arrivant au 1er élastique croisé en haut des jambes, remonte-le et fais-le passer derrière le picot central. Tu le rabattras avec les élastiques sur le picot central du dessous. En haut de la tête, noue un élastique à l'élastique supérieur en le serrant bien.

2. Retire doucement le projet du métier.

Pour faire le masque :

1. Tricote une chaîne simple ou une maille en queue de poisson blanche.

2. Enroule le masque autour du visage, en veillant à bien fixer les élastiques autour de l'œil globuleux. Fixe le masque au dos de la tête avec un clip-C ou S.

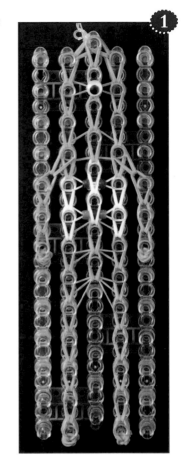

NAiN De JARDiN

Qu'il se cache dans ton jardin ou qu'il soit accroché à ton sac à dos, ce nain de jardin est superbe. Pour ce projet, tu auras besoin d'une extension de métier, car son corps est large. Si tu ne peux pas avoir de colonnes en plus, tu peux faire les côtés du corps sans le métier, les rabattre et les attacher au métier normal avant de rabattre le reste du corps (pour comprendre cette opération, reporte-toi au projet de la Méduse à la page 89). Et maintenant, lance-toi !

Niveau de difficulté : **Moyen**

Tu auras besoin de :

1 métier ou 1 métier + 2 colonnes • 1 crochet • 1 clip-C • 2 perles noires • élastiques rouges, verts, noirs, gris, orange et blancs

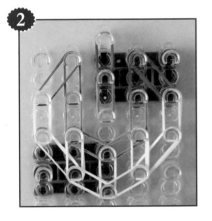

Décale ton métier d'un picot central vers le haut. Attache une colonne de chaque côté du métier. Tous les élastiques sont doubles, sauf indication contraire.

1. Pose des doubles élastiques rouges et orange pour la 1re partie de la tête.

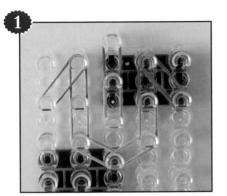

2. Continue en posant des doubles élastiques blancs pour la barbe.

3. Commence le buste avec des doubles élastiques noirs et verts.

4. Crée son pantalon avec des doubles élastiques gris.

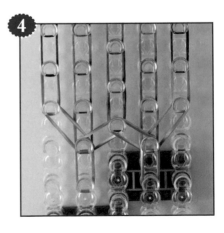

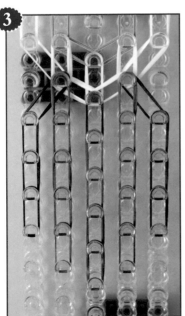

5. Pose des triples élastiques noirs pour les pieds. Enroule un double élastique noir autour du crochet et glisse-le sur un triple élastique noir. Pose la semelle de la chaussure sur le métier.

6. Avec des doubles élastiques orange et noirs, tricote deux chaînes pour le bras et pose-les au niveau des épaules. Étire quatre élastiques croisés gris simples sur le buste.

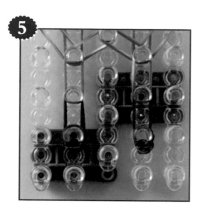

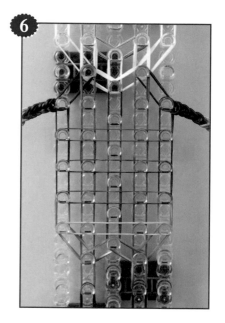

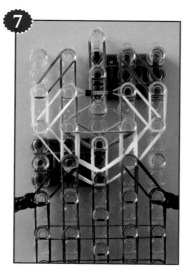

7. Pose un élastique croisé orange sur le visage. Ajoute des yeux en glissant deux perles noires sur un élastique transparent simple.

8. Crée quatre nœuds séparés en enroulant un double élastique rouge autour du crochet et en le glissant sur un double élastique rouge. Glisse le tout sur un double élastique rouge et noue-le pour faire un bouquet.

9. Enroule un double élastique vert autour et place-le dans la main.

10. Rabats les élastiques avec soin. En arrivant au buste, rabats d'abord les colonnes extérieures (y compris les épaules), puis celles du centre. Attache les élastiques rouges du haut le temps de faire le chapeau.

11. Sur un métier normal décalé d'un picot central, fais le chapeau avec des doubles élastiques rouges. Pose des élastiques croisés simples en les enroulant une fois sur eux-mêmes pour qu'ils soient tendus.

12. Tricote une chaîne courte de doubles élastiques rouges et pose-la tout en haut du chapeau. Attache le corps en bas du chapeau. En partant du bas du chapeau,

rabats les élastiques sur eux-mêmes, jusqu'à la pointe. Maintiens avec un double élastique rouge ou un clip-C et retire le projet du métier.

13. Enroule plusieurs élastiques simples un par un autour du crochet. Glisse-les sur un élastique simple allongé pour créer les boucles de la barbe (plusieurs élastiques simples noués ensemble pour faire un long élastique). Attache la barbe au visage en glissant les bouts dans les cheveux et en les nouant au dos. Pour allonger la barbe, recommence mais attache l'extension en bas de la barbe. Cela permettra aussi de fixer la barbe au bas du visage.

CHAT

Ce gentil félin est parfait pour ta ménagerie à tisser !
Bien que les oreilles puissent être un peu délicates à rabattre,
car les élastiques sont fermement enroulés, le reste de ce
projet est ultrasimple à assembler. Joue au chat et à la souris
avec les autres créatures de ce livre ou laisse ce chaton
ronronner tout seul !

Niveau de difficulté : **Facile**

Tu auras besoin de :

1 métier • 1 crochet • élastiques noirs, blancs et roses

Pour faire les oreilles :

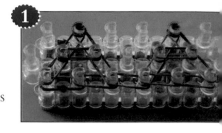

1. Place le métier horizontalement en
    le décalant d'un picot central vers la
    gauche. Avec des élastiques noirs simples
    enroulés une fois sur eux-mêmes,
    dessine deux triangles reliés par un
    élastique
    au milieu. Ajoute un élastique croisé
    enroulé trois fois dans chaque triangle.
    Pose un capuchon enroulé cinq fois
    sur chaque pointe supérieure.

2. Rabats en allant des pointes vers le bas.
    Rabats la longue rangée inférieure en
    dernier, en allant de droite à gauche.
    Avant de retirer le projet, noue un
    élastique simple enroulé deux fois
    (en nœud coulant) à chaque bout du
    projet pour le maintenir. Ils serviront
    à attacher les oreilles au corps.

Pour faire le corps :

1. Maintenant, place le métier
    verticalement, flèche orientée vers
    toi (et la colonne centrale toujours
    décalée). Dessine le corps avec des
    doubles élastiques, sauf pour le cou
    (triple élastique). Les pieds blancs
    du bas doivent avoir des capuchons
    enroulés trois fois.

2. Crée une longue chaîne simple avec six doubles élastiques
    noirs pour la queue. Crée deux chaînes simples plus courtes

(en partant avec des doubles élastiques blancs, puis en passant au noir) pour les pattes avant. Pose la queue, les pattes et les oreilles, comme indiqué.

3. Pose quatre triangles croisés sur le ventre. Celui du bas doit être enroulé une fois sur lui-même afin qu'il soit plus tendu. Puis, pose un élastique en diagonale de chaque côté de la queue et deux autres élastiques diagonaux juste en dessous de la queue.

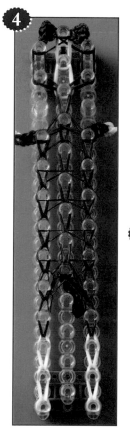

4. En partant des pieds, rabats les élastiques en remontant jusqu'au menton. Arrête-toi là pour l'instant.

5. Dessine le museau sur le visage en posant des doubles élastiques blancs en forme de losange. Puis, glisse un élastique rose simple et enroulé sur un élastique blanc simple et pose-le le long du museau.

6. En partant du bas du museau, rabats les élastiques avec soin. Garde l'élastique blanc du haut pour la fin et noue le projet en haut.

7. Retire le chat avec soin. Avec le crochet, fais passer quatre élastiques noirs dans le nez rose et coupe les bouts des élastiques noirs pour faire les moustaches. Pour que le chat tienne debout, glisse ses pattes avant dans un ou deux élastiques sur les bords du buste.

COCCiNeLLe

Savais-tu que les coccinelles s'appellent aussi des bêtes à bon Dieu ? Comment appelles-tu ces petits scarabées ? Les coccinelles sont plus heureuses dans un jardin, alors pourquoi ne pas créer des fleurs pour leur tenir compagnie !

Niveau de difficulté : **Facile**

Tu auras besoin de :

1 métier • 1 crochet • élastiques rouges et noirs

Décale ton métier d'un picot central vers toi, flèche orientée vers le haut.

1. Pose deux élastiques noirs sur le 1er picot central et relie-les au picot central suivant. Recommence et relie les élastiques au picot de droite. Recommence et relie les élastiques au picot de gauche.

2. Pose une ligne de doubles élastiques rouges sur la colonne centrale, jusqu'au 5e picot.

3. Dessine un hexagone avec des doubles élastiques rouges (côté gauche, puis côté droit).

4. Pose deux élastiques rouges sur le 3e picot central et relie-les au picot suivant de droite. Recommence et relie les élastiques au picot suivant de gauche. Fais pareil avec le 4e picot central.

5. Enroule un élastique noir trois fois autour du crochet et glisse-le sur un élastique rouge simple. Recommence pour faire cinq «points» en tout.

6. Pose les élastiques des points sur le métier, comme indiqué.

7. Retourne le métier et rabats les élastiques sur eux-mêmes.

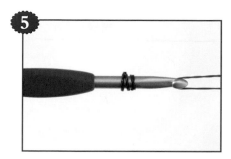

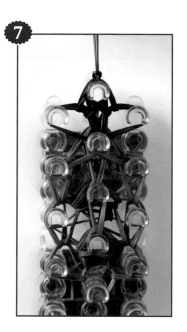

Rabats tous les élastiques diagonaux rouges vers le centre. Rabats le 1er groupe d'élastiques diagonaux noirs vers l'extérieur et le 2e groupe d'élastiques diagonaux noirs vers l'intérieur.

8. Glisse un élastique noir dans les boucles non tissées du dernier picot et noue les deux bouts de l'élastique en formant un nœud coulant.

9. Retire la coccinelle du projet. Renoue la dernière boucle, puis coupe-la au bout, et fais un nœud au bout de chaque morceau pour figurer l'antenne.

PÉGASE

Envole-toi avec cet incroyable projet! Cet adorable étalon réunit le meilleur des deux destriers fantastiques : une corne brillante comme la licorne et des ailes puissantes comme Pégase de la mythologie grecque. Ton Pégase comporte quelques étapes complexes, mais le résultat sera merveilleux!

Niveau de difficulté : **Difficile**

Tu auras besoin de :

1 métier • 1 crochet • 2 perles • élastiques brillants, roses, blancs et noirs

Pour faire les pattes :

1. Commence par le 8e picot en partant de la fin et pose quatre doubles élastiques roses à gauche. Enroule un élastique blanc deux fois sur le crochet et pose-le sur les deux picots suivants. Continue à poser des élastiques blancs pliés en deux sur le reste de la colonne. Enroule un capuchon noir trois fois sur le dernier picot, puis recommence avec un 2e capuchon.

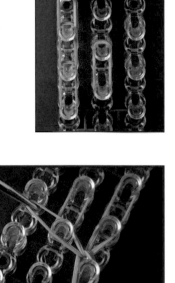

2. Pour finir les pattes avant, rabats les élastiques sur eux-mêmes et retire la patte du métier. Pour les pattes arrière, pose des doubles élastiques roses sur le 6e et le 7e picot central en partant de la fin.

3. Rabats la patte normalement jusqu'à l'avant-dernier picot rose. Au lieu de rabattre cet élastique sur lui-même, rabats-le vers le 6e picot central en partant de la fin.

4. Continue à rabattre la patte arrière et retire-la du métier. Crée deux pattes avant et deux pattes arrière.

Pour faire les ailes

1. Pose des élastiques brillants simples au centre, jusqu'au 3e picot. Dessine la moitié d'un hexagone à gauche avec des élastiques brillants simples et en finissant sur le 3e picot central.

2. Pose une ligne d'élastiques brillants simples sur la colonne droite, jusqu'au 5e picot.

3. Pose un élastique simple sur le 3ᵉ picot central et relie-le au picot central suivant. Pose un élastique brillant simple sur le 4ᵉ picot central et relie-le au 5ᵉ picot de droite. Enroule un capuchon autour du 5ᵉ picot de droite.

4. Enroule un élastique brillant deux fois autour du crochet et pose-le sur la 2ᵉ rangée en formant un triangle. Recommence et pose-le à droite et au centre, comme indiqué.

5. Retourne le métier et rabats l'aile. Place les boucles non tissées des deux derniers picots sur le crochet et glisse-les sur deux élastiques brillants. Recommence pour la 2ᵉ aile.

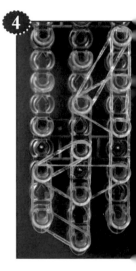

Pour faire le corps tout entier :

1. Dessine un hexagone avec des doubles élastiques roses (côté droit, puis côté gauche).

2. Superpose des élastiques blancs sur le 1ᵉʳ picot central (environ 10). Pose deux élastiques blancs du 1ᵉʳ au 2ᵉ picot central. Glisse les élastiques blancs dessus. Recommence pour le picot suivant, avec des doubles élastiques roses entre le 2ᵉ et le 3ᵉ picot.

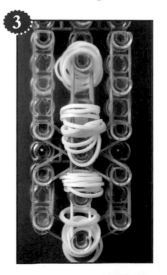

3. Pose un élastique rose simple sur le 3ᵉ picot central et relie-le à gauche. Recommence à droite. Pose une

ligne d'élastiques roses simples sur les colonnes 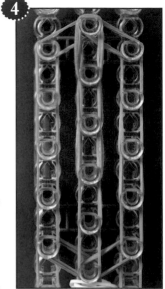 extérieures, jusqu'au 5ᵉ picot. Superpose des élastiques blancs sur le 4ᵉ picot central, comme avant. Pose trois élastiques roses sur le 3ᵉ picot central et relie-les au picot central suivant. Glisse les élastiques blancs dessus. Recommence pour le picot suivant.

4. En partant du 5ᵉ picot central, dessine un long hexagone avec des doubles élastiques roses. Pose une ligne de doubles élastiques roses au centre.

5. Place toutes les boucles de fin des ailes sur le crochet et glisse-les sur un élastique rose simple. Pose ce dernier sur la 2ᵉ rangée de 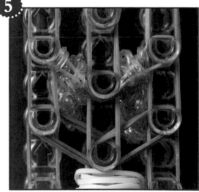 l'hexagone, en triangle. Rentre les ailes vers le bas.

6. Enroule un élastique rose trois fois autour du crochet et glisse-le sur des doubles élastiques roses. Pose les deux bouts de ces derniers sur le crochet, puis pose les boucles sur le 1ᵉʳ picot de gauche. Recommence et pose l'autre boucle à droite.

7. Glisse deux perles sur un élastique rose  simple et pose-le sur la 2ᵉ rangée du métier, en triangle.

8. Pose les pattes arrière sur les deux derniers picots extérieurs.

9. Pose un élastique rose simple sur les picots de la 2ᵉ rangée en formant un triangle. Enroule un élastique rose deux fois autour de la 3ᵉ rangée (ou trois fois, si tu y arrives). Enroule un élastique rose deux fois autour du crochet et pose-le sur la 4ᵉ rangée, en triangle. Pose des doubles élastiques roses sur les 7ᵉ et 8ᵉ rangées, en triangle.

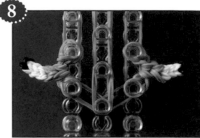

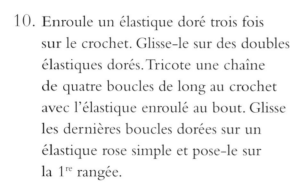

10. Enroule un élastique doré trois fois sur le crochet. Glisse-le sur des doubles élastiques dorés. Tricote une chaîne de quatre boucles de long au crochet avec l'élastique enroulé au bout. Glisse les dernières boucles dorées sur un élastique rose simple et pose-le sur la 1ʳᵉ rangée.

11. Retourne le métier et rabats les picots extérieurs. En arrivant aux élastiques diagonaux de la 5ᵉ rangée (juste après les ailes), glisse une des pattes avant sur le crochet, puis glisse-la sur l'élastique diagonal avant de le rabattre vers le

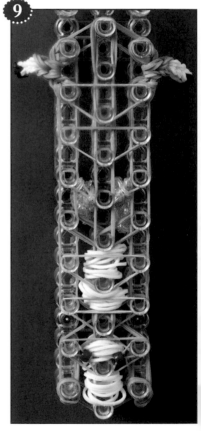

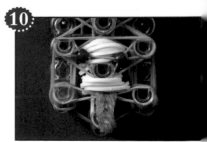

picot central. Fais pareil de l'autre côté avec l'autre patte.

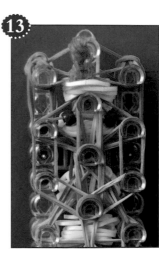

12. Rabats les picots centraux, puis rabats le reste, en finissant sur le 3e picot en partant de la fin.

13. Pose une ligne de doubles élastiques roses du 2e au 4e picot central. Pose des doubles élastiques roses sur l'avant-dernier picot des colonnes extérieures et relie-les au 3e picot. Enroule un élastique rose deux fois autour du crochet. Pose-le sur le 3e picot extérieur en partant de la fin et relie-le au picot central suivant. Fais pareil de l'autre côté.

14. Enroule un élastique rose deux fois autour du crochet et pose-le sur la 2e rangée, en triangle. Enroule un élastique rose trois fois autour du crochet et pose-le sur la 3e rangée. Enroule un capuchon rose trois fois autour du 4e picot central.

15. En partant du 4e picot central, commence à rabattre le visage. Avant de rabattre les trois derniers picots du haut, ajoute un tas

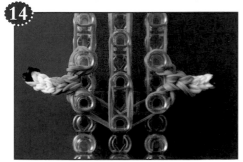

d'élastiques blancs simples au picot central
supérieur pour faire le haut de la crinière.
Rabats le reste normalement pour fixer
la crinière. Noue le projet en haut avec
un élastique avant de le retirer du métier.

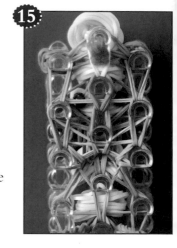

16. Pour ajouter la queue de cheval, glisse un tas
d'élastiques blancs simples sur un élastique
simple et pose-le sur le métier. Recommence
deux fois pour qu'ils soient tous reliés.

17. Rabats la queue. Retire-la du métier.
Attache la queue au bout du projet
en glissant les élastiques non tissés
dans un élastique rose et en nouant
le tout en un nœud coulant. Tu peux
enrouler la boucle du nœud coulant
autour de la queue pour la fixer.

CANARD

Crée ton propre canard en élastiques ! Ce projet
est parfait pour une journée pluvieuse ou à chaque fois
que tu voudras qu'un joyeux petit oiseau jaune égaie
ta journée. Tu peux aussi créer un vol tout entier dans
un arc-en-ciel de couleurs !

Niveau de difficulté : **Facile**

Tu auras besoin de :

1 métier • 1 crochet • 1 clip-C • élastiques
jaunes et orange • 2 élastiques noirs

Décale ton métier d'un picot central vers toi.

Pour faire les plumes des ailes et de la queue :

1. Pose une ligne de doubles élastiques sur une colonne, jusqu'au 4e picot pour les ailes et au 3e picot pour les plumes de la queue.

2. Retourne le métier. En partant du picot au capuchon, rabats les élastiques sur eux-mêmes. Enroule un capuchon jaune trois fois autour du dernier picot de ta ligne.

3. Retire la chaîne du métier avec soin et mets-la de côté.

4. Recommence pour faire deux ailes et deux plumes pour la queue.

Pour faire le bec :

1. Enroule un élastique orange trois fois sur le crochet. Tricote une chaîne de deux boucles de long au crochet (une orange, une jaune) avec l'orange au bout.

2. Mets le bec de côté.

Pour faire la tête et le corps :

1. Pose deux élastiques jaunes sur le 1er picot central et relie-les au 1er picot de gauche.

2. Dessine un long hexagone, comme indiqué (le côté gauche, puis le droit).

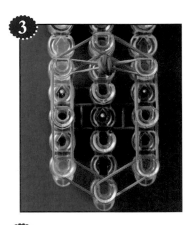

3.	Prends le bec. Pose un bout de l'élastique jaune sur le 3e picot de gauche et l'autre bout sur le 3e picot de droite.

4.	Pose une ligne de doubles élastiques au centre de l'hexagone.

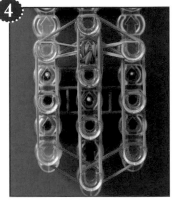

5.	Pour les yeux, enroule séparément deux élastiques noirs trois fois sur le crochet et glisse-les sur un élastique jaune simple.

6.	Pose l'élastique jaune avec les yeux sur le 2e picot de droite et de gauche. Avec le crochet, tire le milieu de l'élastique vers le bas et attache-le au 2e picot central. Vérifie que les yeux sont de chaque côté du picot central.

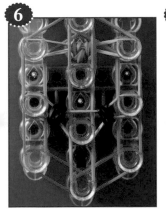

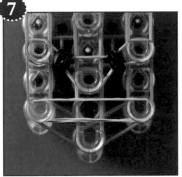

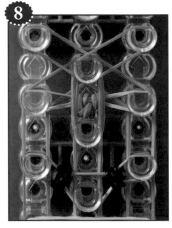

7.	Enroule un élastique simple deux fois autour des picots en bas à droite et à gauche, en guise de capuchons.

8.	Pose un élastique jaune simple sur le 4e picot central et relie-le au picot de gauche suivant. Recommence et relie l'élastique à droite.

9. Dessine un long hexagone sur le métier, comme tu l'as fait pour la tête (le côté gauche, puis le côté droit).

10. Pose une ligne de doubles élastiques au centre de l'hexagone.

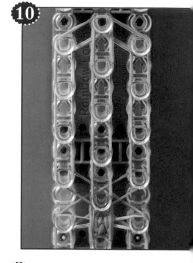

Pour assembler :

1. Prends l'une des ailes, enlève le clip-C et glisse les quatre boucles sur le 4e picot de gauche à l'aide du crochet.

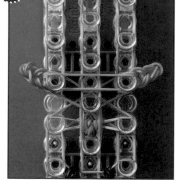

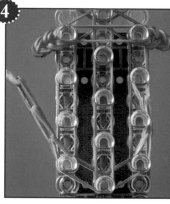

2. Fais pareil pour l'autre aile, en l'attachant au 4e picot de droite.

3. Pose deux élastiques jaunes sur le 4e picot de droite et relie-les au 4e picot de gauche (où tu as attaché les ailes).

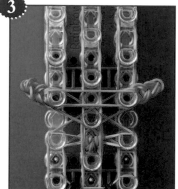

4. Attache les plumes de la queue à l'oiseau. Enlève le clip-C et glisse les quatre boucles sur le dernier picot de gauche. Prends l'autre bout de la chaîne et attache la boucle à la fin sur le 5e picot de gauche. Fais pareil à droite.

5. Pose deux élastiques jaunes sur le 5e picot central et les 5es picots de droite et de gauche pour former un triangle. Recommence pour les 6e et 7e rangées, en formant toujours un triangle.

Enroule un capuchon trois fois sur le dernier picot central de la forme.

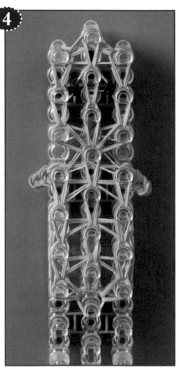

Pour rabattre :

1. Retourne le métier et, en partant du picot central le plus près de toi, commence
    à rabattre tes élastiques sur eux-mêmes.

2. Rabats le côté gauche du corps, puis le droit. Ensuite, rabats le milieu du corps, en finissant au picot central du « cou ».

3. Au 5e picot central (le cou), rabats tous les élastiques du picot, d'abord vers le centre, puis vers la gauche, puis vers la droite. Continue à rabattre la tête comme tu as rabattu le corps, en commençant par la gauche, puis la droite et, enfin, le centre.

4. Attache les boucles non tissées du dernier picot avec un élastique simple ou un clip-C, puis retire l'oiseau du métier avec soin.

Pour ajouter les pieds :

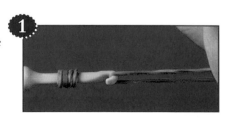

1. Enroule un élastique orange quatre fois sur le crochet. Étire un autre élastique orange entre le crochet et ton doigt.

2. Glisse l'élastique enroulé sur l'élastique orange étiré. Passe un bout de l'élastique simple dans l'autre et serre-le bien.

3. Passe ton crochet au dos du canard, dans les quatre boucles du bas, et saisis la dernière boucle du pied. Fais passer la boucle dedans, puis glisse le pied dans la boucle pour le fixer.

4. Recommence pour faire le 2ᵉ pied.

CHIEN

Bon chien ! Ce toutou s'assied, reste en place
sans bouger et se roule par terre (avec un peu d'aide) !
Fais-en ton meilleur ami ou fabrique-lui des compagnons
à quatre pattes pour qu'il s'amuse !

Niveau de difficulté : **Facile**

Tu auras besoin de :

1 métier • 1 crochet • 1 clip-C • 2 élastiques
blancs, noirs, et rouges

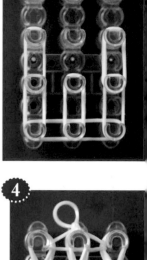

Aligne ton métier, flèche orientée vers le haut.

Pour le museau :

1. Place un élastique à la fois sur la 1re rangée, de gauche à droite. Place deux doubles élastiques vers le haut sur les colonnes de droite et de gauche, puis une paire vers le bas au milieu.

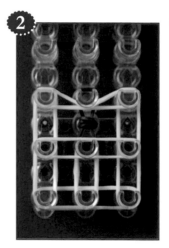

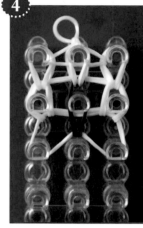

2. Enroule un élastique noir trois fois autour du crochet. Sers-toi du crochet pour le glisser sur deux élastiques noirs. Attache une extrémité de ces doubles élastiques noirs au 2e picot central et l'autre au 3e picot central. Voilà le museau.

3. Attache deux élastiques blancs sur la 2e rangée. Fais de même sur la 3e. Tire les élastiques par le milieu pour les accrocher sur la 3e rangée à partir du picot central.

4. Retourne ton métier. Rabats le long du côté gauche, puis à droite, puis la colonne du milieu.

5. Attache les boucles non tissées du dernier picot avec un seul élastique et enlève le museau du métier.

Pour la tête :

1. Pose une ligne de doubles élastiques blancs en remontant sur les trois colonnes, jusqu'au 7e picot, en sautant le premier picot de la colonne centrale.

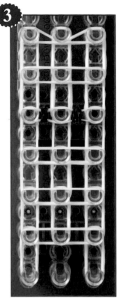

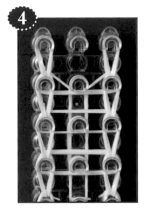

2. Enroule trois fois deux élastiques noirs un par un sur ton crochet. Glisse les deux élastiques noirs sur un élastique blanc. Attache le blanc sur la 5ᵉ rangée : il fera les yeux du chien. Les élastiques noirs doivent être dissociés.

3. Place des doubles élastiques blancs sur les 2ᵉ, 3ᵉ et 4ᵉ rangées. Saute la 5ᵉ, celle des yeux, puis de nouveau sur les 6ᵉ et 7ᵉ rangées. Ramène les élastiques de la dernière rangée vers toi, comme sur la photo.

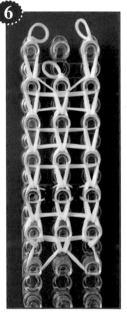

4. Retourne le métier. Rabats les picots du côté gauche d'abord, puis le droit. Utilise le crochet pour passer les élastiques au-dessus de l'avant-dernière rangée vers toi, comme sur la photo.

5. Rabats la colonne du milieu.

6. Attache les boucles non tissées de chacun des trois derniers picots avec un seul élastique. Enlève la tête du chien du métier.

Pour accrocher le museau :

1. Utilise le crochet pour passer un élastique blanc dans le museau, dans la même boucle que celle de l'élastique noir, sans le sortir complètement.

2. Passe les deux extrémités de l'élastique blanc à travers l'arrière de la tête du chien et attache-les avec un clip-C.

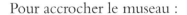

Pour les pattes :

1. Place un élastique sur les deux 1ers picots des colonnes de gauche et du milieu.

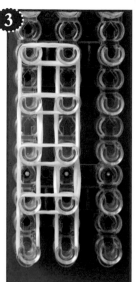

2. Pose une ligne d'élastiques blancs le long des colonnes de gauche et du milieu, jusqu'au 5e picot. Relie les rangées 1 et 2 avec des élastiques simples et des doubles pour le reste.

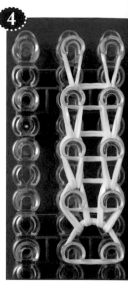

3. Enroule un élastique capuchon plié en deux sur les picots de gauche et du milieu des rangées 2 à 5. Tu peux placer un autre élastique plié en deux sur la 5e rangée afin que le chien tienne mieux.

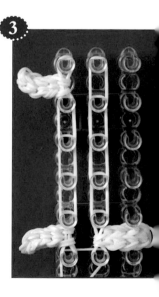

4. Retourne le métier et rabats les élastiques sur le picot qui tient l'autre bout de chaque élastique. Ne rabats pas les élastiques horizontaux.

5. Enlève la patte du métier. Recommence trois fois pour fabriquer les quatre pattes.

Pour le corps :

1. Attache un élastique sur le 5e picot de gauche, relie-le au picot du dessus puis au picot suivant à droite pour réaliser un triangle.

2. Glisse les boucles de l'une des pattes sur deux élastiques blancs et attache les élastiques à la colonne de gauche au-dessus du triangle. Recommence à droite.

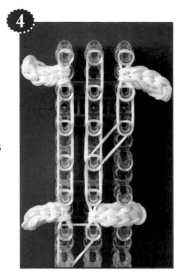

3. Place une ligne de doubles élastiques blancs le long du reste de la colonne du milieu et jusqu'à l'avant-dernier picot à gauche. Place la troisième patte sur les deux derniers picots de gauche comme précédemment.

4. Attache un élastique au 4e picot central en partant de la fin et relie-le à la colonne de droite. Attache deux élastiques au picot où est accrochée l'extrémité de l'élastique en diagonale et relie-le au picot suivant de la colonne de droite. Attache la dernière patte aux derniers picots de la colonne de droite, comme précédemment.

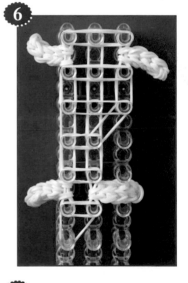

5. Place deux élastiques blancs sur les picots de la dernière rangée. Recommence sur l'avant-dernière rangée du métier. Enroule un élastique deux fois sur les picots de la 3e rangée en partant de la fin.

6. Enroule un élastique deux fois sur les picots de gauche et du milieu de la 4e rangée à partir de la fin. Recommence pour les 5e et 6e rangées en partant de la fin.

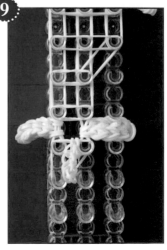

7. Sur le métier ou avec le crochet, fabrique une chaîne simple blanche de cinq élastiques pour faire la queue.

8. Glisse les boucles finales de la queue sur le crochet.

Plie en deux un élastique et serre-le avec le crochet et ton doigt. Glisse les boucles de la queue sur l'élastique plié en deux.

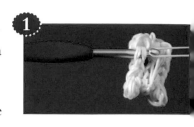

9. Attache l'élastique plié en deux de la queue sur les picots de gauche et du milieu de la 6ᵉ rangée.

Assemblage :

1. Passe le crochet dans une maille à l'arrière de la tête du chien, comme sur la photo. Tire un élastique blanc vers le milieu de façon à ce que les extrémités de l'élastique dépassent à l'arrière de la tête. Recommence du côté droit.

2. Attache les deux boucles sur les derniers picots droit et gauche du métier. Tourne le métier pour avoir le chien face à toi.

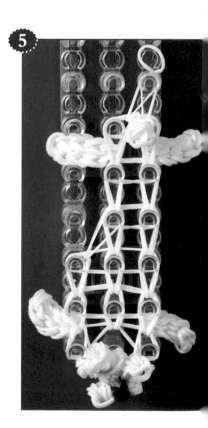

3. Passe l'élastique sur la 1ʳᵉ rangée du picot central.

4. Rabats les élastiques en partant du picot de gauche le plus proche de toi. Commence par la colonne de gauche en rabattant bien l'élastique en diagonale sur le picot de la colonne du milieu. Rabats ensuite les élastiques de la colonne de droite, jusqu'au 6ᵉ picot inclus. Rabats ensuite les picots centraux, jusqu'au 6ᵉ également.

5. Tire la queue du chien vers toi pour qu'elle ne gêne pas, puis rabats les deux derniers picots. Ensuite, rabats l'élastique de l'avant-dernier picot de droite sur le dernier picot de la colonne de droite. Rabats l'élastique du dernier picot central sur le dernier picot de la colonne de droite.

6. Attache les boucles non tissées sur le dernier picot avec un élastique : passe-le dans les boucles, puis passe une extrémité dans l'autre et tire fermement.

7. Enlève ton chien du métier. Avec tes doigts, répartis les élastiques et rentre les boucles qui dépassent avec le crochet. Passe deux élastiques rouges autour du cou pour le collier.

ARAiGNéE

Cette étrange araignée n'est pas trop effrayante et elle est facile à fabriquer ! C'est un petit accessoire unique et fait main pour l'Halloween qui tient dans la poche !

Niveau de difficulté : **Facile**

Tu auras besoin de :

1 métier • 1 crochet • 1 clip-C • élastiques noirs •
2 élastiques rouges

Place ton métier colonne centrale décalée d'un picot vers toi.

Pour les pattes :

1. Place une ligne de doubles élastiques en remontant la colonne de gauche jusqu'au 7e picot pour les petites pattes et au 10e pour les plus longues. Enroule trois fois un élastique capuchon noir sur le dernier picot.

2. Retourne le métier. À partir du picot avec l'élastique capuchon, rabats les élastiques sur leurs picots.

3. Attache les boucles non tissées avec un clip-C pour l'instant et mets le tout de côté.

4. Fabrique six petites pattes et deux grandes.

Pour le corps :

1. Attache deux élastiques noirs au premier picot central puis relie-les au picot central suivant.

2. À partir du 2e picot central, dessine un hexagone allongé. Commence par le côté gauche, puis passe au droit.

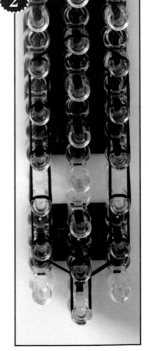

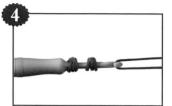

3. Pose une ligne de doubles élastiques noirs en remontant jusqu'au milieu de l'hexagone.

4. Enroule trois fois deux élastiques rouges autour du crochet. Glisse-les sur un élastique noir : ils formeront les yeux.

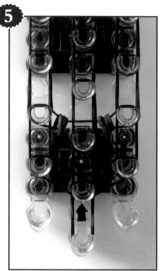

5. Attache l'élastique pour les yeux à la 3ᵉ rangée de picots, en formant un triangle.

6. Place un élastique en triangle sur les 2ᵉ, 4ᵉ et 5ᵉ rangées.

7. Enroule trois fois un élastique capuchon sur le dernier picot central.

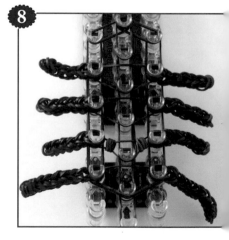

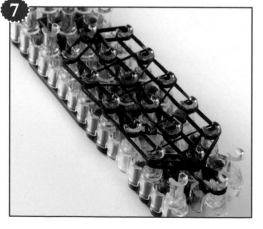

8. Accroche les pattes : retire le clip-C et glisse les quatre boucles non tissées sur les picots comme sur la photo. Place les deux longues pattes sur les 2ᵉˢ picots à droite et à gauche.

9. Rabats les élastiques : commence par le picot central le plus proche, puis la colonne de gauche, puis celle de droite. Rabats la colonne du milieu en dernier.

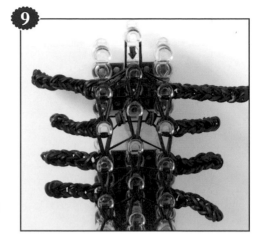

10. Termine l'araignée en rabattant l'élastique de l'avant-dernier picot central sur le dernier picot central. Attache les boucles avec un clip-C ou noue-les avec un élastique.

11. Enlève l'araignée du métier. Plie les pattes afin que l'araignée tienne debout.

COCHON

Groïnk! Ce cochonnet a tout d'un vrai : il tient
même debout! Il est composé de plusieurs morceaux,
mais il reste cependant facile à réaliser!

Niveau de difficulté : **Moyen**

Tu auras besoin de :

1 métier • 1 crochet • élastiques roses, noirs, marron et blancs

Place ton métier colonne centrale décalée d'un picot vers toi et flèche orientée vers le haut.

1. Pose une ligne d'élastiques roses le long de la colonne de gauche, jusqu'au quatrième picot. Enroule trois fois un élastique capuchon noir autour du quatrième picot, puis recommence avec un deuxième élastique capuchon noir.

2. Retourne le métier et rabats les élastiques. Recommence pour obtenir les quatre pattes du cochon.

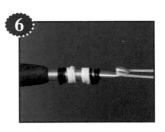

3. Avec les doubles élastiques roses, dessine un hexagone sur le métier. Commence par le côté gauche puis le droit.

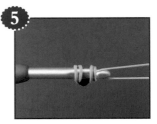

4. Pose une ligne de doubles élastiques roses en descendant au centre de l'hexagone.

5. Pour le museau, enroule trois fois un élastique marron autour du crochet, puis glisse-le sur les doubles élastiques roses. Passe les deux extrémités des élastiques roses sur le crochet. Glisse les élastiques roses et le marron sur un élastique rose. Mets le museau de côté.

6. Pour les yeux, enroule trois fois un élastique noir sur le crochet. Recommence avec un élastique blanc, puis avec un autre blanc, puis un autre noir. Glisse-les sur un élastique rose.

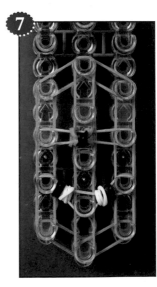

7. Place l'élastique avec le museau sur la troisième rangée du métier. Pose l'élastique avec les élastiques des yeux sur la deuxième rangée pour former un triangle.

8. Enroule trois fois un élastique rose autour du crochet, puis glisse-le sur un élastique rose. Place les deux boucles de l'élastique rose sur le crochet, puis sur le premier picot à gauche. Recommence et pose la seconde oreille sur le premier picot à droite.

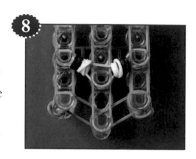

9. Enroule deux fois un élastique rose autour du crochet. Attache-le aux premiers picots à droite et à gauche. Recommence et forme un triangle sur la quatrième rangée avec cet élastique. Forme un triangle avec deux élastiques roses sur la troisième rangée.

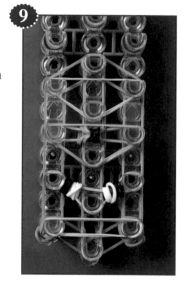

10. Retourne le métier et rabats les élastiques. Rabats les colonnes extérieures avant celle du milieu. Passe un élastique rose dans les dernières boucles : passe une extrémité dans l'autre, puis tire fermement comme un nœud coulant.

11. Enlève la tête du métier. Enroule deux fois un élastique rose autour du crochet, puis glisse-le sur le museau. Recommence avec un autre élastique.

12. À partir du 7ᵉ picot central en partant de
la fin, pose une ligne de doubles élastiques
roses en descendant le long de la colonne
centrale. Attache deux élastiques roses
au 7ᵉ picot central en partant de la fin et
relie-les à gauche, puis recommence en les
reliant à droite. Pose une ligne de doubles
élastiques sur les colonnes extérieures.

13. Place les pattes sur les picots des quatre
coins de la forme.

14. Pose deux élastiques sur la 7ᵉ rangée en
partant du haut. Forme des triangles avec
des doubles élastiques roses sur les rangées
restantes dans la forme. Passe l'élastique
du dernier triangle devant le dernier picot
central.

15. Avec le crochet, passe un élastique rose
dans les boucles à l'extérieur de la tête.
Recommence de l'autre côté de la tête.

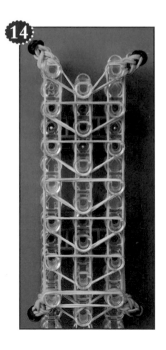

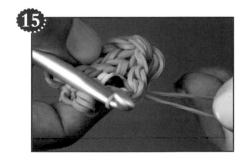

16. Pose les boucles sur les picots extérieurs de la dernière rangée.

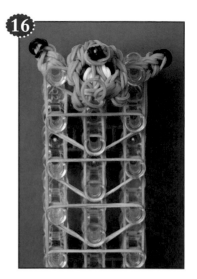

17. Retourne le métier et rabats les élastiques. Noue les dernières boucles avec un élastique rose : passe une extrémité de l'élastique dans l'autre pour faire un nœud coulant, puis enlève le cochon du métier.

PETIT LAPIN

Ce petit lapin se décline dans toutes les couleurs.
Fabriques-en un pour chaque occasion : coloré
pour célébrer le printemps ou simplement pour garder
le sourire et sautiller avec lui.

Niveau de difficulté : **Facile**

Tu auras besoin de :

1 métier • 1 crochet • élastiques violets, blancs,
roses et noirs

Place ton métier colonne centrale décalée d'un picot vers toi.

Pour les pattes avant :

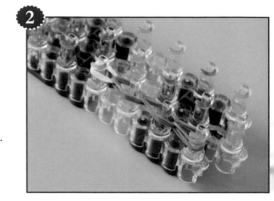

1.   Pose une ligne de doubles élastiques sur la colonne de gauche, jusqu'au 4ᵉ picot. Enroule trois fois un élastique capuchon blanc sur le 4ᵉ picot.

2.   Retourne ton métier et rabats les élastiques.

3.   Attache les boucles non tissées du dernier picot avec ton crochet ou un clip-C et enlève la patte du métier. Mets-la de côté. Recommence pour fabriquer la seconde patte avant.

Pour la tête :

1.   Forme un hexagone avec des doubles élastiques comme sur la photo, commence par poser côté gauche, puis le droit.

2.   Pose des doubles élastiques sur la ligne centrale de l'hexagone, jusqu'au 3ᵉ picot.

3.   Enroule trois fois un élastique rose sur le crochet. Glisse-le sur deux élastiques violets et attache ces élastiques aux 2ᵉ et 3ᵉ picots de la colonne centrale. Voilà le museau.

4. Prends deux élastiques noirs et enroule-les chacun trois fois autour du crochet. Glisse les élastiques sur deux élastiques violets et attache les élastiques à la 2e rangée en vérifiant que les élastiques noirs sont repoussés sur les côtés.

5. Enroule deux fois un élastique sur les 1re et 3e rangées, comme sur la photo.

Pour les oreilles :

1. Enroule trois fois un élastique violet autour du crochet. Glisse-le sur deux élastiques violets, puis enroule trois fois un élastique blanc autour du crochet. Place l'extrémité des deux élastiques violets sur le crochet derrière l'élastique blanc.

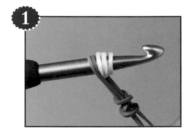

2. Continue à «tisser» de cette façon, en glissant les boucles du crochet sur des doubles élastiques violets, puis en ajoutant un élastique blanc au crochet avant de placer l'autre extrémité des doubles élastiques violets sur le crochet. Tisse une chaîne de trois boucles de long.

3. Étire un élastique violet entre le crochet et ton doigt et fais glisser les boucles du crochet sur cet élastique.

4. Pose l'oreille sur le 1er picot de la colonne de gauche. Recommence pour fabriquer la seconde oreille et pose-la sur le 1er picot de la colonne de droite.

Pour le corps :

1. Attache un élastique violet sur le 4ᵉ picot central et relie-le à celui de gauche. Attache un autre élastique et relie-le à celui de droite.

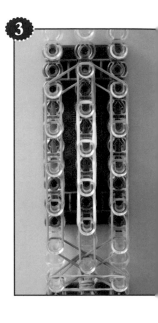

2. Forme un hexagone avec des doubles élastiques violets, comme pour la tête. Commence par le côté gauche, puis le droit.

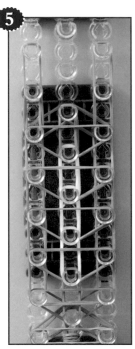

3. Pose une ligne de doubles élastiques au milieu de la forme du corps. Utilise des élastiques violets pour le premier et le dernier picot et des blancs au milieu.

4. Pose des doubles élastiques le long des colonnes de droite et gauche pour les pattes arrière.

5. Attache des doubles élastiques aux 5ᵉ et 8ᵉ rangées en formant un triangle, comme sur la photo. Attache deux élastiques violets à la 4ᵉ rangée.

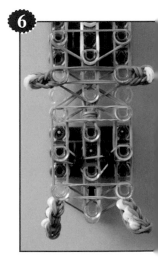

6. Place les pattes avant sur les picots de droite et de gauche de la 4ᵉ rangée.

Pour la queue :

1. Enroule deux fois cinq élastiques violets, un par un, sur le crochet. Glisse-les sur un élastique violet.

2. Pose-le sur le dernier picot de la forme du corps.

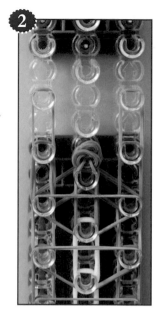

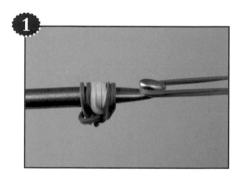

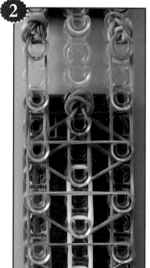

Pour le bout des pattes :

1. Enroule trois fois un élastique violet sur le crochet. Glisse-le sur deux élastiques violets. Enroule un élastique blanc autour du crochet comme pour les oreilles, puis raccroche l'autre extrémité des élastiques violets sur le crochet. Glisse les élastiques violets et blancs sur deux élastiques violets.

2. Pose le bout de la patte sur le métier. Recommence pour le bout de la seconde patte.

Pour rabattre le lapin :

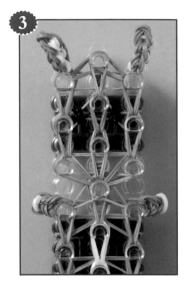

1. Retourne le métier. Rabats les pattes arrière, puis le picot du milieu avec la queue. Rabats ensuite le côté gauche du corps, puis le droit et enfin la colonne du milieu.

2. Au moment de rabattre le picot central du « cou », commence par le picot central, puis celui vers la gauche et enfin les élastiques allant vers la droite. Ensuite, termine par la tête en procédant comme pour le corps.

3. Attache les boucles non tissées du dernier picot avec un clip-C ou noue-le avec un élastique. Enlève le lapin du métier.

MÉDUSE

Méduse est un monstre de la mythologie grecque : elle était dotée d'une chevelure de serpents vivants et son regard transformait en pierre tous ceux qui la fixait dans les yeux. Son nom signifie « celle qui protège », parce qu'elle pouvait arrêter absolument tout le monde. Les instructions pour la fabriquer ne nécessitent qu'un métier, mais si tu en as un deuxième, il suffit d'ajouter une colonne de chaque côté et de placer les élastiques de la robe ensemble. C'est parti !

Niveau de difficulté : **Moyen**

Tu auras besoin de :

1 métier • 1 crochet • élastiques **verts**, **marron**, violets, **rouges**, noirs et jaunes

Aligne bien ton métier. Tous les élastiques seront doubles, sauf indication contraire.

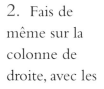

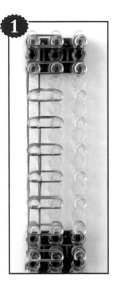

1. Place une ligne de doubles élastiques violets sur la colonne de gauche et des élastiques perpendiculaires sur chaque rangée, pour fabriquer la robe. Rabats ces élastiques, en partant du bas (le dernier élastique sera un capuchon).

2. Fais de même sur la colonne de droite, avec les élastiques perpendiculaires vers la gauche. Mets-les de côté et place la tête et le corps, comme sur la photo.

3. Attache les élastiques violets mis de côté de part et d'autre du métier, pour agrandir la robe.

4. Place trois élastiques individuels croisés sur le buste (rangées 4, 5 et 6). Pour cela, enroule un élastique violet sur lui-même avant de l'accrocher sur le métier. Pour l'élastique croisé du bas, il faut temporairement décrocher les élastiques de la robe, attacher l'élastique croisé et raccrocher les élastiques supplémentaires de la robe, comme sur la photo.

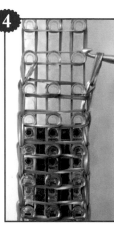

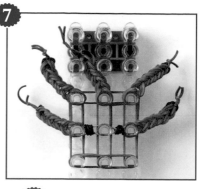

5.   Pour les bras, crée une chaîne de doubles élastiques jaunes, violets et rouges pour l'attacher sur le métier au niveau des épaules.

6.   Passe les élastiques rouges du bas à l'intérieur des colonnes extérieures, comme sur la photo. Puis, rabats les élastiques, en commençant en bas du métier. Une fois cela terminé, enlève le tout du métier et mets de côté.

7.   Pose les élastiques verts et jaunes pour le visage. Enroule deux élastiques noirs à part sur le crochet et glisse-les sur un élastique jaune enroulé sur lui-même. Ce seront les yeux, attache-les au milieu du visage. Crée six serpents pour les cheveux en tissant des chaînes à partir d'un élastique noir, puis des doubles élastiques verts. Ajoute

des élastiques rouges tissés aux têtes des serpents et coupe les extrémités pour faire les langues. Attache ces six serpents à ses cheveux sur le métier.

8.   Attache le corps de Méduse à la base de sa tête. Rabats les élastiques. Attache avec un élastique supplémentaire ou un clip-C une fois le projet terminé et enlève Méduse du métier.

TRiTON

Découvre ce qui se cache dans les profondeurs de la mer !
Ce sympathique triton est prêt pour plonger
dans les fonds marins.
Une fois terminé, il sera parfait en compagnie
de tes autres créatures marines.

Niveau de difficulté : **Facile**

Tu auras besoin de :

1 métier • 1 crochet • élastiques de 3 couleurs
différentes

N'utilise que des doubles élastiques, sauf indication contraire.

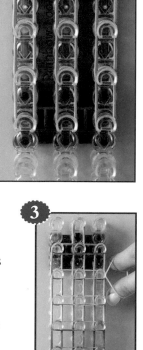

1. Commence par poser le torse du triton, comme sur la photo.

2. Change de couleur pour ses nageoires, poursuis jusqu'en bas du métier pour obtenir six rangés. Termine les nageoires en pointe.

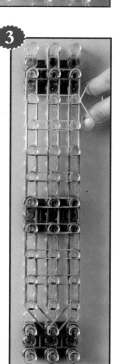

3. Pose des élastiques croisés pour attacher le corps. Il s'agit d'élastiques individuels enroulées une fois sur eux-mêmes, puis placés sur le personnage. Il y aura huit élastiques croisés au total.

4. Sépare les nageoires en enroulant un élastique individuel autour du crochet. Glisse-le sur un double élastique.

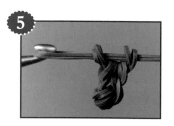

5. Recommence jusqu'à obtenir une nageoire complète. Il faut en fabriquer deux.

6. Attache les deux nageoires au picot central du personnage.

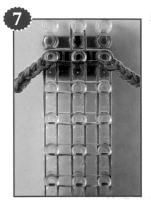

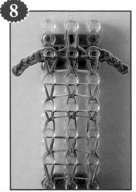

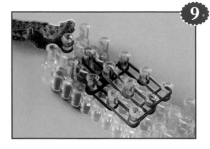

7. Dessine les bras comme pour les nageoires, avec une ou deux mailles supplémentaires. Place-les au-dessus du personnage.

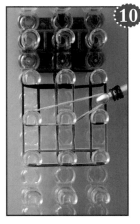

8. Rabats les élastiques, en commençant par le bas, avec les nageoires.

9. Mets le corps de côté et dessine la tête du triton, comme sur la photo.

10. Enroule un élastique de la couleur du visage sur lui-même pour qu'il soit tendu. Enroule deux élastiques noirs individuels sur un crochet. Glisse les deux mains sur cet élastique tendu et attache-le au milieu du visage.

11. Attache le corps au bas du visage. En partant de ce picot, rabats les élastiques jusqu'au sommet de la tête et fixe-le avant d'enlever le triton du métier.

PAPiLLON

Ces chenilles d'élastiques n'attendent que toi pour se transformer
en superbes papillons ! Il y a plusieurs pièces à fabriquer
mais elles s'assemblent facilement. Tu peux varier les couleurs
pour obtenir un kaléidoscope de papillons !

Niveau de difficulté : **Facile**

Tu auras besoin de :

1 métier • 1 crochet • 4 clips-C • élastiques violets,
roses, blancs et noirs

Place ton métier, colonne centrale décalée d'un picot vers toi et flèche orientée vers le haut. N'utilise que des doubles élastiques, sauf indication contraire.

1. Pour la première aile, commence sur la colonne de gauche et travaille vers la droite. Avec des doubles élastiques roses, pose une ligne, puis des rangées reliées à la colonne centrale. Pose une ligne sur la colonne centrale, puis avec des doubles élastiques violets, place les rangées reliées à la colonne de droite. Termine par une ligne de doubles élastiques violets avec un élastique capuchon blanc sur le picot supérieur.

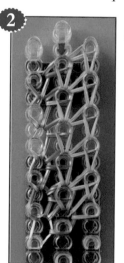

2. Retourne le métier et rabats les élastiques, en commençant par l'élastique capuchon blanc. Attache le haut de l'aile avec un élastique violet et un clip-C avant de l'enlever du métier pour la mettre de côté. Les clips-C sont temporaires. Recommence pour la seconde grande aile.

3. Procède de même pour les petites ailes, mais avec moins d'élastiques.

4. Retourne le métier et rabats en commençant par l'élastique capuchon blanc. Attache la petite aile avec un élastique violet et un clip-C, enlève-la du métier et recommence pour faire la seconde.

5. Mets les ailes de côté pour fabriquer la tête.

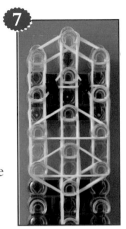

6. Pose des doubles élastiques blancs le long de la colonne pour faire le corps, en terminant en bas par un élastique capuchon.

7. Attache les élastiques croisés à la tête et aux yeux avec un élastique blanc glissé dans deux nœuds noirs.

8. Fabrique deux antennes avec une chaîne de doubles élastiques roses et violets. Attache-les aux ailes sur le métier, comme sur la photo. (Retire les clips-C avant d'attacher les ailes.)

9. Rabats le papillon en commençant par le bas du corps. Fais bien attention aux endroits où les ailes s'accrochent, l'opération est délicate ! Attache le haut avec un clip-C avant d'enlever le papillon du métier.

EXTRATERRESTRE

Ce petit homme vert se fabrique en moins
de temps qu'il n'en faut pour dire « extraterrestre » !
Si tu en fabriques plusieurs, tu pourras commencer
à envahir la Terre !

Niveau de difficulté : **Facile**

Tu auras besoin de :

1 métier • 1 crochet • élastiques verts et noirs

1. Dessine un hexagone allongé avec des doubles 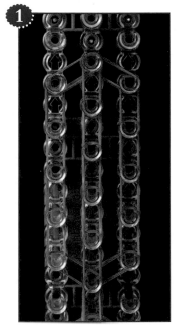 élastiques, à partir du premier picot central. Commence par le côté gauche, puis le droit.

2. Pose une ligne de doubles élastiques en remontant la colonne centrale jusqu'au 6e picot. Avec les doubles élastiques verts, dessine un hexagone allongé pour le corps. Pose le côté gauche, puis le droit. Place une ligne de doubles élastiques verts sur la ligne centrale du corps.

3. Enroule trois fois un élastique vert sur le crochet. Tisse une chaîne au crochet de deux boucles en terminant par l'élastique vert. Recommence pour faire une autre chaîne.

4. Glisse les deux chaînes sur deux élastiques verts. Continue à tisser une chaîne de cinq boucles terminée par une fourche au crochet, pour fabriquer une jambe. Recommence pour la seconde jambe. Place les jambes sur les deux

picots extérieurs de la 4e rangée à partir de la fin.

5. Pour les bras, enroule trois fois un élastique vert autour du crochet. Glisse-le sur deux élastiques verts. Continue à tisser avec le crochet une chaîne de huit boucles en terminant par l'élastique enroulé.

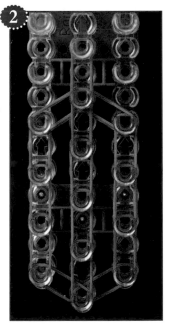

Recommence pour fabriquer une
autre chaîne de la même longueur.
Attache les bras au corps.

6. Enroule deux élastiques noirs
individuellement sur le crochet.
Glisse-les sur un élastique vert et
attache-le à la 2ᵉ rangée d'un triangle.
Vérifie que les yeux sont bien
en place de chaque côté.

7. Enroule deux fois un élastique vert autour
du crochet, puis attache-le à la 3ᵉ rangée du
métier en forme de triangle. Pose cinq autres
triangles le long du corps, avec un élastique
plié en deux à chaque fois. Enroule trois fois
un élastique capuchon autour du dernier
picot central.

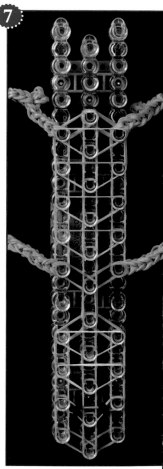

8. Rabats les élastiques à partir du dernier picot
central. Noue les dernières boucles avec un
élastique vert ou un clip-C.

MANCHOT

C'est parti pour se dandiner en Antarctique ! Ce palmipède rigolo et facile à fabriquer complètera parfaitement ta collection de personnages élastiques. Alors, emmitoufle-toi pour créer ce fier conquérant du pôle Sud.

Niveau de difficulté : **Facile**

Tu auras besoin de :

1 métier • 1 crochet • 1 clip-C • élastiques bleus, noirs, blancs, **orange foncé** et orange clair

Aligne le métier avec les flèches orientées vers toi. Les élastiques utilisés sont des doubles.

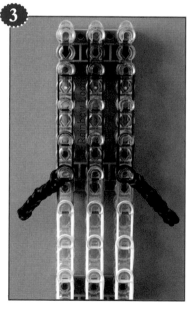

1. Dessine la tête avec des doubles élastiques noirs.

2. Pose une rangée de doubles élastiques orange clair, puis des doubles élastiques blancs, comme sur la photo.

3. Tisse deux chaînes de doubles élastiques noirs pour chaque bras. Attache-les aux épaules.

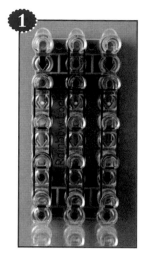

4. Fabrique le bec en tissant une chaîne courte avec des doubles élastiques orange foncé (deux nœuds seulement). Relie-la au reste avec un élastique noir. Ajoute les yeux en glissant deux élastiques bleus noués du crochet sur un élastique noir enroulé sur lui-même. Serre bien.

5. Attache les élastiques croisés blancs au corps. Ce sont des doubles élastiques étirés sur chaque paire de picots. Ajoute les pattes en fabriquant deux petites chaînes de doubles élastiques noirs et en les accrochant sur le métier.

6. Rabats les élastiques en partant des pattes.

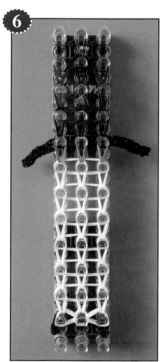

7. Attache un clip-C et enlève le manchot du métier avec précaution.

CRABE

Ce crabe ensoleillera ta journée en faisant venir la plage à toi, même lorsqu'il neigera ! Suis attentivement les instructions pour les changements de couleurs pour faire un crustacé au dégradé parfait !

Niveau de difficulté : **Facile**

Tu auras besoin de :

1 métier • 1 crochet • élastiques blancs, orange clair, **orange foncé** et noirs

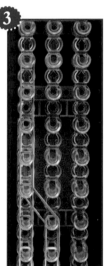

1. Pose une ligne de doubles élastiques blancs le long des colonnes de gauche et du milieu, jusqu'au 4ᵉ picot.

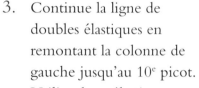

2. Continue la ligne de doubles élastiques avec un élastique blanc et un orange clair pour relier les 5ᵉ et 6ᵉ picots. Utilise des doubles élastiques orange clair pour relier les 6ᵉ et 7ᵉ picots de gauche et pour l'élastique en diagonale entre le picot central et celui de gauche.

3. Continue la ligne de doubles élastiques en remontant la colonne de gauche jusqu'au 10ᵉ picot. Utilise deux élastiques orange clair, puis un orange clair et un orange foncé pour les picots suivants. Termine par deux doubles élastiques orange foncé. Enroule trois fois un élastique capuchon orange foncé autour du dernier picot.

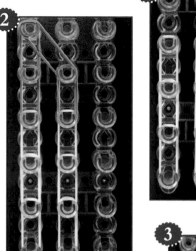

4. Enroule trois fois un élastique blanc sur le crochet. Glisse-le sur deux élastiques blancs. Avec le crochet, tisse une chaîne de quatre boucles. Utilise un élastique blanc et un orange clair pour la dernière paire d'élastiques.

5. Place la chaîne sur le métier sur le picot central au-dessus de la flèche.

6. Enroule deux fois un élastique blanc sur le crochet et accroche-le entre les picots de gauche et du milieu de la 4ᵉ rangée. Recommence sur les 3ᵉ et 2ᵉ rangées.

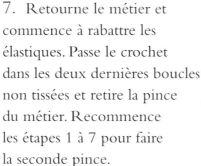

7. Retourne le métier et commence à rabattre les élastiques. Passe le crochet dans les deux dernières boucles non tissées et retire la pince du métier. Recommence les étapes 1 à 7 pour faire la seconde pince.

8. Attache deux élastiques orange foncé au 1ᵉʳ picot central et relie-le au picot central suivant. À partir du 2ᵉ picot central, dessine un hexagone allongé avec des élastiques orange foncé. Pose une ligne de doubles élastiques orange foncé sur la colonne centrale de l'hexagone.

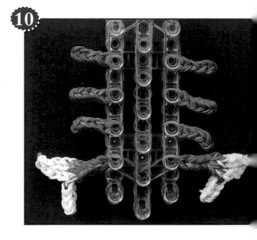

9. Pour les pattes, enroule trois fois un élastique orange foncé sur le crochet. Glisse-le sur deux élastiques orange foncé.

Utilise le crochet pour tisser une chaîne de cinq boucles (sans compter le premier élastique plié en trois). Utilise l'orange foncé pour les trois premières boucles, puis un orange clair et un orange foncé, et enfin deux élastiques orange clair pour la dernière boucle.

10. Recommence jusqu'à obtenir
    six pattes. Attache les pattes
    et la pince sur le métier
    comme sur la photo.

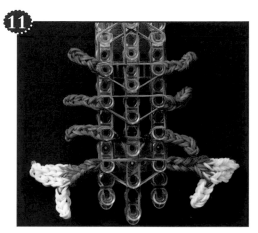

11. Enroule trois fois
    deux élastiques noirs
    individuellement sur le crochet.
    Glisse-les sur un élastique
    orange foncé et forme un
    triangle avec, sur la 3ᵉ rangée.
    Tourne bien les élastiques noirs
    vers l'extérieur.

12. Retourne le métier et rabats les élastiques.
    Attache les deux dernières boucles avec un
    clip-C et enlève le crabe du métier.

BONHOMME EN PAIN D'ÉPICES

Miam! Ce bonhomme en pain d'épices est à croquer!
Ce qui serait finalement une mauvaise idée,
parce qu'il est en élastiques.

Niveau de difficulté : **Moyen**

Tu auras besoin de :

1 métier • 1 crochet • élastiques **marron** • 2 élastiques **noirs** •
2 élastiques **verts** • 4 élastiques blancs

Aligne ton métier, flèche orientée vers le haut.

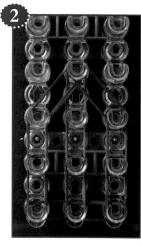

1. Pose des doubles élastiques sur la 1re rangée, en allant de gauche à droite. Place une ligne de doubles élastiques sur chaque colonne.

2. Attache des doubles élastiques au 3e picot à gauche et relie-le au picot central suivant. Fais de même à droite. Pose des doubles élastiques sur la 4e rangée en allant de gauche à droite.

3. Attache deux élastiques au picot central de la 4e rangée et relie-le au picot central suivant. Pose une ligne de doubles élastiques en descendant le long des colonnes extérieures jusqu'au 10e picot.

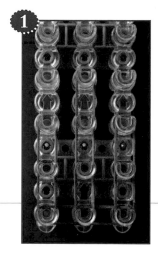

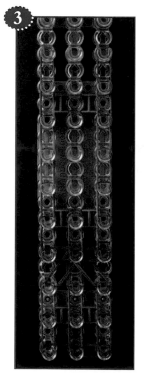

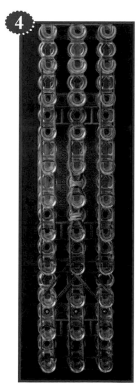

4. Enroule trois fois un élastique vert sur le crochet et glisse-le sur des doubles élastiques marron. Pose-le sur le métier au-dessus du dernier élastique du milieu. Recommence pour le deuxième bouton et place-le au-dessus du premier.

5. Enroule trois fois deux élastiques noirs individuellement sur le crochet et glisse-les sur deux élastiques marron. Attache-les sur la 2ᵉ rangée du métier.

6. Dispose deux doubles élastiques en descendant le long des colonnes extérieures du métier en bas du corps. Enroule trois fois un élastique bouchon sur chaque picot.

7. Utilise le bas du métier pour fabriquer les bras : pose deux lignes de doubles élastiques, comme sur la photo et enroule trois fois un élastique bouchon sur le dernier picot de chaque ligne. Rabats les élastiques des bras comme précédemment.

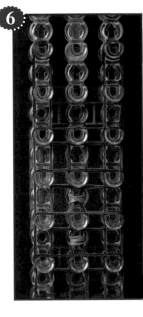

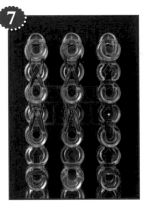

8. Enlève les bras du métier et accroche les boucles non tissées sur les picots extérieurs de la 4ᵉ rangée.

9. Retourne le métier et rabats les colonnes extérieures du corps jusqu'au cou. Passe l'élastique horizontal entre les jambes au-dessus du picot central.

10. Rabats la colonne centrale, puis la tête.

11. Enlève le bonhomme en pain d'épices du métier. Enroule deux fois un élastique blanc sur le crochet, puis glisse-le sur sa cheville. Recommence pour chaque membre.

ÉTOILE DE MER

Tu seras la *star* de la plage avec cette étoile de mer !
Mélange les couleurs pour avoir le plus sympa des animaux marins
d'ici et d'ailleurs. Facile à réaliser, tu peux en fabriquer
toute une série pour décorer ta chambre !

Niveau de difficulté : **Facile**

Tu auras besoin de :

1 métier • 1 crochet • élastiques de 2 couleurs

Place ton métier, colonne centrale décalée d'un picot vers le haut. N'utilise que des doubles élastiques de deux couleurs différentes.

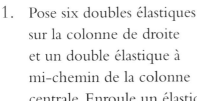

1. Pose six doubles élastiques sur la colonne de droite et un double élastique à mi-chemin de la colonne centrale. Enroule un élastique capuchon sur le picot inférieur de la colonne de droite.

2. À partir du picot inférieur doté d'un élastique capuchon, commence à rabattre les élastiques. Une fois au picot avec les élastiques centraux, rabats en diagonale, vers les élastiques du milieu.

3. Reviens à la colonne de droite et rabats encore un élastique, puis déplace les élastiques rabattus de la colonne centrale sur ce picot.

4. Enlève cette partie du métier avec précaution et mets-la de côté. Fabrique cinq bras au total.

5. Place les bras sur le métier, en te servant des boucles pour les accrocher sur les picots.

6. Dispose-les en cercle sur le métier. Il doit y avoir un emplacement sans bras. Place un double élastique en huit à cet endroit, pour relier les extrémités de l'étoile de mer.

7. En partant du picot en haut à droite, pose six doubles élastiques de la même couleur partant du picot central.

8. Pars des derniers élastiques posés pour commencer à rabattre, comme sur la photo.

9. Ensuite, rabats les élastiques qui font le tour de l'étoile de mer. Attache un élastique en haut et enlève l'étoile de mer du métier avec précaution.

Décore tes bijoux !

Confectionne de fabuleux accessoires afin de
personnaliser tes colliers et tes bracelets.
Les animaux, fleurs, fusées, notes de musique
et autres symboles que tu y accrocheras te
suivront où que tu ailles et te porteront chance.
N'attends plus : un monde féerique
t'ouvre ses portes !

Dépasse-toi

Ne te limite plus aux simples bracelets et colliers de base. Avec ce livre, tu réaliseras les 25 projets les plus originaux et grandioses que l'on puisse créer avec un métier Rainbow Loom : bouquet de fleurs, bandeau de pirate, main de squelette fluorescente, pieuvre, et plus encore. Plonge dans cette aventure extrême, et hisse-toi au sommet de ton art !